Quelques Pages

sur

L'Occupation Prussienne

A NONANCOURT

ET

DANS LES ENVIRONS

1870-1871

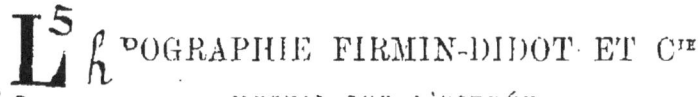

TYPOGRAPHIE FIRMIN-DIDOT ET Cie

MESNIL-SUR-L'ESTRÉE

(EURE)

Quelques Pages

sur

L'Occupation Prussienne

Quelques Pages

sur

L'Occupation Prussienne

 NONANCOURT

ET

DANS LES ENVIRONS

1870-1871

TYPOGRAPHIE FIRMIN-DIDOT ET CIE

MESNIL-SUR-L'ESTRÉE

(EURE)

Avant que les témoins de ces jours douloureux ne soient disparus, nous avons voulu recueillir leurs souvenirs et les coordonner en quelques pages sincères.

Dans ce travail, nous avons pris pour guide un manuscrit adressé par le secrétaire de la Mairie, Xavier Labrebis, à sa mère : *L'Occupation prussienne à Nonancourt; mes souvenirs.* Mme la Secrétaire de la *Société des Dames hospitalières* a bien voulu nous communiquer quelques détails sur cette œuvre et sur les événements de cette époque. M. Jean Marin Rocque, ancien juge de paix, a laissé une série de notes détachées : articles de journaux, appréciations personnelles, récits de guerre, etc., dans lesquelles nous avons eu l'autorisation de glaner tout à l'aise. A la mairie de Nonancourt, comme à celles de la Madeleine et de Saint-Lubin, les délibérations, procès-verbaux, rapports, pièces diverses, ont été gracieusement mis à notre disposition. Nous avons donc la conviction d'offrir à nos compatriotes un récit de *l'Occupation prussienne à Nonancourt et dans les environs,* aussi complet que possible et appuyé sur des documents certains.

Pour la marche générale des événements dans la contrée, nous avons consulté : *la Guerre à Dreux,* 1870-1871, par le commandant de Coynart; *la Défense de Dreux en octobre* 1870, par Alfred Sirven, ancien sous-préfet de Dreux; *les Francs-Tireurs de la Sarthe,* par le commandant comte de Foudras, 1885; *le Journal du 3ᵉ bataillon, 15ᵉ de marche, 21ᵉ corps, 2ᵉ armée de la Loire,* par le commandant de la Croix, 1871; *l'Arrondissement de Louviers pendant la guerre de* 1870-1871, par A. Géfrotin; *les Prussiens en Normandie,* par Dessoliers; *Relation de la guerre en Normandie,* 1870-1871, par Xavier Raspail; *Souvenirs de la campagne,*

1870-1871, par P. Boudet; *l'Invasion prussienne de l'arrondissement des Andelys,* par Charles Dehais, 1872; *Récits historiques de la Garde mobile du Calvados par une réunion d'écrivains et d'officiers,* 1872; *les Aumôniers de la Garde-mobile d'Eure-et-Loir,* 1870-1871, publié dans la *Croix d'Eure-et-Loir,* en 1896; *Vernon et ses environs pendant la guerre de 1870-1871,* par Léo Bertin, 1898; une série de télégrammes et de lettres concernant la défense de l'Eure, qu'un heureux hasard a mis entre nos mains.

En écrivant ces pages, nous revivions les jours lamentables de l'invasion et nous suppliions Dieu de détourner de notre patrie le retour de si grands malheurs et de si grandes tristesses.

En les lisant, chers compatriotes, vous sentirez jaillir de votre cœur, douloureusement ému, une semblable prière.

P. L.

Nonancourt, juillet 1899.

QUELQUES PAGES

SUR

L'OCCUPATION PRUSSIENNE

A NONANCOURT ET DANS LES ENVIRONS

1870-1871

I

LA SOCIÉTÉ DES DAMES HOSPITALIÈRES.

Au moment où l'ennemi envahissait l'Alsace et la Lorraine, où sa formidable artillerie écrasait nos vaillants soldats à Wissembourg, à Forbach, à Frœschviller, à Reichshoffen, et autour de Metz, l'empereur Napoléon III sentit le besoin de resserrer les liens qui rattachaient toutes les communes de France à son gouvernement. L'heure était solennelle : l'avenir de la dynastie, le salut même de la patrie étaient en danger. Les élections municipales avaient eu lieu le

7 août 1870. Il exigea de toutes les nouvelles municipalités le serment de fidélité.

Le conseil municipal de Nonancourt se réunit le dimanche 28 août. Le maire, Adrien Demolliens, fit l'appel nominal : MM. Auguste Gosse, Arthur Besnard, Sergent, Alphonse Royer, Mongrédien, Adrien Lanoë, Louis-François Hatey, Victor Caplain, Renout, Alexandre Chédeville, Forcuit, Alexandre Charpentier, Alexandre Renouard, Leduc et Anatole Drieux, debout; la main droite étendue, proférèrent ce serment : « Je jure obéissance à la Constitution et fidélité à l'Empereur (1). »

Puis on organisa la garde nationale : MM. Royer, Besnard, Gosse, Sergent, Mongrédien, Lanoë, Charpentier et Chédeville furent désignés pour faire partie du conseil de recensement. Les 7 et 8 septembre, eurent lieu les premières élections d'officiers et de sous-officiers. Nonancourt plaça à sa tête Jean-Chrysostome Presleur; Saint-Lubin, Pierre Lormail, et la Madeleine, Eugène Broudin.

On s'occupa immédiatement des secours aux soldats blessés. M. Paul Didot, conseiller général,

---

(1) O fragilité des serments politiques! Le 4 septembre, lorsque la nouvelle de la chute de l'Empire et de la proclamation de la République parvint à Nonancourt, un certain nombre des mêmes conseillers, réunis au Grand-Cerf, poussèrent un vivat et vidèrent une coupe de champagne en l'honneur du nouveau gouvernement.

convoqua à la mairie les Dames de Nonancourt et de Saint-Lubin et forma la *Société des Dames Hospitalières*, dont le but était de venir en aide aux sœurs de l'hospice dans les soins à donner aux malades et aux blessés. Mme Paul Didot fut élue présidente; Mme la baronne de Prulay, vice-présidente, et Mme Alexandre Chédeville, secrétaire. Mmes de Loynes, de Vanssay, Levitre et Chédeville furent désignées pour faire une quête. Elles recueillirent environ trois mille francs. — Chaque jour, deux des dames de cette Société se rendaient à l'hospice pour seconder les sœurs qui étaient surmenées. Elles préparaient le linge, la charpie, les bandes de toile nécessaires aux pansements. Deux ambulances, établies dans l'ancienne mairie et à « Voisinette », se remplirent vite de malades et de blessés. Mais bientôt l'apparition de la petite vérole et du typhus et l'approche des Prussiens éloignèrent les ambulancières volontaires, qui laissèrent le soin des trois maisons aux sœurs de l'hospice, aidées par la supérieure du pensionnat.

II

LA RÉVOLUTION. — PREMIÈRES ALERTES.

Les événements se précipitaient à la frontière et à Paris. Mac-Mahon était blessé à Sedan, l'Empereur fait prisonnier, l'armée captive en Allemagne. A Paris le gouvernement impérial était renversé par les révolutionnaires Delescluze et Blanqui. Les députés de Paris s'installaient eux-mêmes au pouvoir et prenaient le nom de *Gouvernement de la défense nationale*. Nom admirable s'il eût répondu à cette noble réalité! Malheureusement ce fut surtout le triomphe d'un parti. Tous les conseils électifs, le Sénat, la Chambre, les Conseils généraux et municipaux sont dissous. Jules Favre s'adjuge les Affaires étrangères; Gambetta, l'Intérieur; Ernest Picard, les Finances; Dorian, les Travaux publics; Crémieux, la Justice, etc.; le général Trochu, déjà gouverneur de Paris, accepte la présidence du Conseil des ministres et la direction des affaires militaires. Au lieu de faire appel au patriotisme et au dévouement de tous les Français, on poursuit ceux qui ont soutenu le régime impérial; on jette des semences de division dans les moindres villages en favorisant les délations et les destitutions. Partout les conseils municipaux sont remplacés par des Commissions administratives (1). A Nonancourt et à Saint-Lubin les mêmes membres sont désignés; à la Madeleine, le préfet nomme maire Louis Ruel et adjoint François Perrier, pour « exercer ensemble provisoirement les pouvoirs du conseil municipal ».

Cependant l'ennemi avançait toujours. Paris était investi le 18 septembre. L'armée de la Loire, préparée par le comte de Palikao, organisée par le général Lefort, commandée par d'Aurelle de Paladines, livrait au général von der Thann d'héroïques mais inutiles combats. Les riches campagnes du Vexin et de la Beauce étaient menacées.

Dès le 27 septembre, on annonçait une attaque des Prussiens sur Dreux : c'était une fausse alerte qui amena ici les francs-tireurs de Tillières-sur-Avre. Cette petite troupe était admirablement organisée, équipée et armée : c'était plaisir de la voir traverser nos rues en si bon ordre et d'un air si martial. Leur présence à Dreux inspira à quelques anciens sous-officiers l'idée de s'organiser de même : ils choisirent

---

(1) Un décret du Gouvernement de la défense nationale fixait les élections municipales au 25 septembre; mais un nouveau décret du 24 septembre établit les commissions administratives.

des hommes sûrs et déterminés et formèrent une compagnie qui entra immédiatement en campagne (1).

Le lendemain, nouvelle alerte également fausse : on disait que les Prussiens étaient à Marolles, près de Dreux! Ce bruit parvint jusqu'à Verneuil, dont les francs-tireurs s'empressèrent d'accourir; on les remercia vivement et on les congédia. L'ennemi n'était point signalé dans les environs. Mais le 4 octobre, les Prussiens s'emparent d'Épernon après une lutte acharnée; le samedi 8, ils occupent Houdan sans coup férir; et de là, envoient une reconnaissance de 25 à 30 hussards bleus jusqu'à Dreux.

A la même date, ils envahissent le Vexin Normand, et le lendemain dimanche entrent dans Gisors.

III

ORGANISATION DE LA DÉFENSE LOCALE.

Ce même samedi, Gambetta quittait Paris en ballon et venait rejoindre la délégation du Gou-

---

(1) Trop souvent ces corps francs se firent détester des populations par leur insolence, leur indiscipline et leurs exigences.

vernement de la défense nationale (1), établie à Tours dès le commencement de l'investissement de Paris. Là il se posa en dictateur et dirigea tout à la fois la Guerre, les Finances et l'Intérieur. Lui, simple avocat, inspiré par un ingénieur, M. de Freycinet (2), il commandait aux généraux, leur imposait ses plans, leur dictait les mesures à prendre et les batailles à livrer, tout

En général; ils ont laissé un mauvais souvenir dans l'esprit des municipalités et des habitants : nous en avons recueilli l'expression ici comme ailleurs. On ne peut nier cependant que ceux où les officiers surent maintenir une ferme discipline, ont rendu des services signalés comme éclaireurs et ont fait subir des pertes sensibles à l'ennemi. — Nonancourt fournit quelques recrues à ces compagnies de francs-tireurs.

(1) Glais-Bizoin, causeur aimable mais utopiste, et le Juif Crémieux, avocat éloquent mais déjà trop vieux, avaient été délégués pour organiser la défense en province. Gambetta, jeune, ardent et vraiment patriote, venait les seconder et même les absorber dans son influence et dans son activité.

(2) Il faut lire dans le livre du général Thoumas, *Paris, Tours, Bordeaux*, les lignes consacrées au bureau de M. de Freycinet. « Je ne pouvais m'empêcher de sourire, lorsque j'entendais pérorer, sur la direction des opérations militaires des élèves ingénieurs des ponts et chaussées, attachés à la personne de M. de Freycinet, et remplissant auprès de lui les fonctions d'officiers d'ordonnance. Il y avait certes un peu de présomption, de leur part, à opposer leurs vues stratégiques à celles de M. de Moltke et du grand état-major allemand. Mais en ce temps-là l'essentiel était d'oser; et tout ce monde-là osait. Nous étions, nous autres officiers, les exécuteurs de leurs volontés, ou, pour vrai dire, des volontés de leur chef. Pour ma part, je m'y habituai si bien, que je ne m'étonnai plus d'entendre un de ces jeunes gens dire avec le plus grand sérieux : « Nous ne sommes pas contents de Bourbaki... Nous avons confiance en Chanzy, etc. »

en restant confiné dans son palais de Tours. La France ne lui ménageait ni ses enfants ni ses ressources. Les proclamations enflammées du tribun publiant trop souvent des victoires factices, faisaient surgir partout d'héroïques dévouements.

Les plans de défense les plus étranges étaient mis en avant. Les barricades dans les villes ouvertes, les paysans armés de faulx et de fourches, l'incendie faisant le désert devant l'ennemi, etc., devaient triompher de la puissante artillerie des Prussiens et de leurs soldats admirablement armés et disciplinés. Au lieu de concentrer les troupes, de les exercer, de les aguerrir, de les établir sur des positions solides et favorables en dehors des villes, on se butait à organiser des défenses locales dont le résultat définitif était le massacre, l'incendie et les fortes contributions de guerre (1).

(1) A Évreux, le comité de défense donnait aux habitants le conseil d'émigrer en masse, de faire le vide, d'emmener les bestiaux et les grains, de couper les routes. Car « le vide devant l'ennemi, c'est la victoire, la victoire dans quinze jours sans coups de fusil, par la famine ». On ordonnait aux fermiers de disperser leurs troupeaux et fourrages dans les forêts ; on leur assignait même celle de Longboël qui n'existait plus.

Le 14 octobre, un décret du gouvernement établit dans chaque département un comité militaire sous la présidence du général commandant ; il avait tout pouvoir sur les personnes et les choses pour disputer le département à l'ennemi. L'approche rapide des Prussiens et les changements trop fréquents dans le commandement paralysèrent l'action du comité dans l'Eure.

Ces merveilleux plans de campagne, de jeunes journalistes ou de vieux républicains de 48, devenus préfets, sous-préfets, délégués de la défense nationale, prétendaient les imposer aux commandants de troupes, anciens officiers souvent d'un grand mérite (1). On voulait à toute force empêcher les Allemands de prendre la ville; mais on ne se rendait pas compte que l'agitation, les cris, les chants révolutionnaires et quelques centaines de gardes nationaux mal armés étaient insuffisants pour une telle entreprise.

Cette erreur régnait à Nonancourt comme partout ailleurs. Quelques patriotes plus ardents que sages voulaient tenter de défendre la ville. Les autres plus modérés s'opposaient prudemment à toute défense locale, Nonancourt étant une ville ouverte, sans artillerie, dominée de toutes parts.

Chaque jour, nos routes étaient sillonnées par des files interminables de voitures et de bestiaux fuyant devant l'invasion. Des familles entières,

---

(1) Une chose incroyable et pourtant hors de doute! Tandis que les soldats prussiens avaient une carte des contrées où ils devaient combattre, beaucoup de nos officiers n'avaient ni la carte d'État-major, ni aucune autre carte. Plusieurs d'entre eux l'ont avoué et déploré. Une dépêche du Préfet de l'Eure au commandant de gendarmerie à Vernon le laisse deviner :

« Évreux, 9 octobre 1870, onze heures du soir.
« Enverrai demain matin tout ce que je pourrai de cartes. »

abandonnant leurs maisons à la merci de l'ennemi, emportant tout ce qui pouvait se charger, s'en allaient à l'aventure, devant elles, jusqu'à ce qu'elles soient à l'abri des Prussiens. Elles étaient accueillies et hébergées dans les fermes des environs pour une nuit, puis repartaient le lendemain, ne sachant où s'arrêterait cette fuite ruineuse et désolante. Ce spectacle lamentable jetait dans les cœurs le découragement et l'effroi. Les fermiers surtout et les cultivateurs étaient dans la consternation : leur faudrait-il aussi abandonner leurs foyers et leurs biens et fuir avec leurs troupeaux pour les ravir à la rapacité des envahisseurs?...

En attendant les événements, on organise la garde nationale pour éviter toute surprise et faire face à un coup de main. Les compagnies de Saint-Lubin, de Saint-Rémy, Dampierre, Laons, Prudemanche, Escorpain et Chataincourt, réunies sous le même commandement, choisissent Pierre Lormail, de Saint-Lubin, comme chef de bataillon. Celles de Nonancourt, de la Madeleine, Acon, Breux, Panlatte, Droisy, Saint-Germain-sur-Avre et le Mesnil-sur-l'Estrée, mettent à leur tête Jean-Chrysostome Presleur, de Nonancourt. Ces deux bataillons s'entendent pour se renseigner et se soutenir mutuellement.

La garde nationale de Nonancourt et la compagnie des sapeurs-pompiers établissent des postes à toutes les entrées de la ville : à la Morinière, à la côte de la gare, à la mairie, à la gendarmerie et à la Cité; avec des sentinelles sur le pont en face de l'Espérance, au Poteau, à Moc-Dieu, sur le remblai en face du Pont vert, près de la barrière du chemin de fer. A partir du 28 septembre, elles font de fréquentes patrouilles pendant la nuit et prennent contact avec Saint-Lubin, Saint-Rémy, la Madeleine et même Dampierre-sur-Avre. Les hommes s'exercent activement sous les ordres de leurs officiers : MM. Grandin, Guérin, Foucaux, Theuré, Déranlot.

IV

COMBAT DE CHÉRISY.

Le samedi 8 octobre, une patrouille « partie à 7 heures 45 a rencontré sur la route de Dreux, commune de Saint-Rémy, une voiture dans laquelle était un prisonnier prussien escorté par deux francs-tireurs de Dreux, dont un sous-officier ». C'était le premier Prussien et le premier prisonnier que l'on voyait à Nonancourt : sa présence excita une grande curiosité : elle enflamma le zèle patriotique des uns et rendit les autres plus ingénieux à se dispenser de la garde : l'ennemi était si près!

En effet, le matin de ce jour, vers onze heures, trente hussards bleus étaient descendus jusqu'à la sous-préfecture de Dreux, sans avoir été signalés; ils apportaient un ordre de réquisition pour le logement de deux régiments d'infanterie, trois escadrons de cavalerie et une batterie. Le maire, M. Batardon, déclare qu'il ne cédera qu'à la force. Le sous-préfet, Alfred Sirven, fait battre la générale et courir après les Prussiens : on les rencontre à Chérisy et on leur tue un cheval. C'est ce cavalier fait prisonnier qui avait été amené à Nonancourt; il fut dirigé sur le premier poste.

Le lendemain dimanche, le bruit de l'arrivée des ennemis avait amené à Dreux, dès neuf heures du matin, un grand nombre de gardes nationaux des environs; les pompiers de Saint-Rémy, sous les ordres de leur capitaine M. Evelyn Waddington, étaient déjà rangés en bataille devant la sous-préfecture. Ils furent dirigés avec les éclaireurs sur Fermaincourt et la forêt de Dreux : ils devaient menacer le flanc droit des Allemands, pendant que les mobiles de Laigle, commandés par M. Charles des Moutis, attaqueraient le flanc gauche. Il était temps. Des Bavarois étaient revenus à Chérisy faire des réquisitions et leurs voitures chargées allaient partir. Vigoureusement attaqués par les mobiles et les francs-tireurs, ils se retirèrent, laissant un certain nombre de morts sur le terrain et six prisonniers qui furent conduits à Nonancourt.

Selon toute probabilité, les Allemands n'allaient pas rester sous le coup de cette défaite. Aussi, dès cinq heures du matin, le lundi 10 octobre, le commandant des Moutis dresse son plan de bataille et assigne à chacun sa place et sa mission. Pendant la nuit, les mobiles de Domfront étaient arrivés par le chemin de fer. Malheureusement, ces jeunes troupes venant d'être armées n'avaient encore ni l'instruction, ni l'organisation, ni par conséquent la solidité des mobiles de Laigle : elles reçurent cependant leur poste de combat.

Les Allemands, furieux de leur échec de la veille, reviennent à Chérisy, avec quatre pièces de canon et trois escadrons de hulans. Ils rendent les habitants responsables des coups de fusil que les mobiles et les francs-tireurs avaient tirés des jardins et des dernières maisons du village : ils enduisent de pétrole les portes et les fenêtres et systématiquement mettent le feu aux habitations et aux granges.

Pendant qu'ils accomplissent cette triste besogne le commandant des Moutis tente de les envelopper et dirige fort habilement ses troupes. Mais ces soldats improvisés n'ont pas l'habitude du fusil, moins encore celle de la discipline et de l'obéissance. Les détonations de l'artillerie font grande impression sur les hommes. Un cri, « voilà les Prussiens ! » jeté soudain par un paysan, met le trouble dans leurs rangs ; quelques obus ennemis achèvent la débandade : les mobiles de Domfront (1) s'enfuient sur Dreux, malgré les efforts, les objurgations et les menaces de leurs officiers, et entraînent avec eux quelques compagnies de gardes nationaux.

Cependant on avait battu la générale et sonné le tocsin dans toutes les communes environnantes. Nonancourt avait envoyé ses gardes nationaux : ils étaient environ cinq cents de notre ville, de Saint-Lubin, de la Madeleine et des paroisses voisines. Ils partirent bravement, au milieu des pleurs et des adieux de leurs familles. De Dreux on les dirigea sur le champ de bataille, où se trouvaient les francs-tireurs et les gardes nationaux de Tillières, Verneuil, Laigle, Breteuil, etc. Couchés à plat-ventre pour éviter les obus que leur envoyaient les Allemands, aucun d'eux ne fut blessé ; aucun d'eux aussi ne

(1) **Ils rachetèrent cette défaillance par leur belle conduite sur la Loire.**

put tirer un coup de fusil : l'ennemi était trop éloigné. Les Bavarois vivement repoussés, malgré la défection du 3° bataillon, se replièrent sur leur camp retranché de Houdan. Ils avaient, dit-on, trois cents hommes tués. Les prisonniers annonçaient que Dreux serait brûlé le lendemain.

V

PREMIÈRE RETRAITE SUR LAIGLE.

Les vaillants mobiles de Laigle se battaient depuis plusieurs jours; ils étaient harassés; d'ailleurs ils n'avaient plus guère que vingt cartouches par homme. Du 3° bataillon, il ne restait que le commandant, les officiers et deux compagnies : le reste était dispersé. Quant aux gardes nationaux, vraie cohue mal armée et sans discipline, on ne pouvait pas compter sur eux pour une défense sérieuse. Le commandant des Moutis déclare que, dans ces conditions, il ne peut continuer la lutte, s'il n'a pas d'artillerie. On en demande à Alençon, à Chartres, à Évreux; il n'y en a pas, mais on lui annonce des renforts. Le commandant ne voulait pas décourager ses hommes fiers de leur succès. De plus, ne pouvant éviter d'être tourné et battu, il risquait de faire brûler Dreux comme on avait brûlé Chérisy; il décida d'opérer sa retraite.

Au moment où ses premières compagnies se mettaient en marche, vers minuit, une estafette lui annonça l'arrivée du lieutenant-colonel de Beaurepaire des mobiles du Calvados. N'ayant aucun renseignement sur les forces et les munitions de ces troupes de secours, le commandant des Moutis continua son mouvement sur Vert-en-Drouais, où il avait le projet de s'arrêter, afin de laisser reposer ses hommes épuisés et au besoin de servir de réserve aux nouvelles troupes de Dreux (1). Mais un pli du général de Malherbe, commandant la 4ᵉ subdivision à Alençon, lui intima l'ordre de prendre le train de sept heures du matin à Nonancourt, pour conduire le 2ᵉ bataillon à Verneuil et le 3ᵉ à Laigle.

Les transes furent extrêmes dans notre ville, lorsqu'on vit passer ces mobiles fatigués, les habits en désordre. Dreux allait être incendié;

(1) Le conseil municipal de Dreux, voyant la ville abandonnée par les troupes régulières, avisa au moyen de la préserver d'un bombardement. Il fit désarmer sa garde nationale et congédia celle des communes voisines. Il décida qu'à l'arrivée des Prussiens, le maire, M. Batardon, irait parlementer avec le général ennemi, afin d'obtenir pour Dreux le traitement d'une ville ouverte. Les exaltés crièrent à la trahison : le maire fut arrêté; fouillé comme un criminel, menacé de mort et conduit à Tours, où il fut enfin relâché.

Nonancourt ne tarderait sans doute pas à être occupé ! La ville avait un aspect lugubre ; presque toutes les maisons de commerce étaient fermées ; les salles de l'hospice et des ambulances regorgeaient de malades et de blessés : francs-tireurs, mobiles, soldats. Chacun apportait son contingent de nouvelles vraies ou fausses ; on voulait espérer quand même, et toujours les défaites se succédaient avec une douloureuse régularité !

Aussi, grande fut la surprise de ne point voir l'ennemi le mardi au point du jour : il s'était replié sur Versailles.

VI

LE COLONEL DE BEAUREPAIRE.
LE GÉNÉRAL DU TEMPLE.

Pendant que les mobiles de l'Orne luttaient contre les Allemands autour de Dreux, les mobiles du Calvados, sous la conduite du vicomte Henri de Beaurepaire-Louvagny, s'avançaient par Pacy, Ivry-la-Bataille, Anet, Saint-Georges-sur-Eure. Le mardi 11 octobre, vers deux heures de l'après-midi, ils faisaient leur entrée dans Dreux et réarmaient immédiatement la garde nationale.

Le surlendemain le général Fiérec, arrivé inopinément du Mans, les passa en revue. Le colonel de Beaurepaire établit une discipline très sévère et déploya une grande activité. Le 18, vers quatre heures du soir, afin d'inspecter les environs il monta dans la lanterne qui surmonte le dôme de la chapelle de la famille d'Orléans ; malheureusement son pied glissa... en tombant il brisa le vitrail et se fracassa le crâne sur les dalles de la chapelle ! — Il fut remplacé par le commandant de Labarthe, ancien lieutenant de cuirassiers.

Bientôt les Prussiens reprirent leur marche en avant : Châteaudun et Chartres furent occupés. Les mobiles qui étaient à Dreux, craignant de voir leur retraite coupée, se retirèrent sur Nonancourt, le 21 octobre vers deux heures du matin : ils avaient ainsi une ligne de retraite sur les forêts d'Évreux et de Breteuil. Le commandant de Labarthe s'y installa immédiatement, et prévint le capitaine de vaisseau Duval, qui était à Châteauneuf, des mesures qu'il avait prises. Cet officier l'approuva, lui dit de s'établir à Nonancourt et d'y attendre ses ordres. Mais dès le lendemain, il commandait de ramener les troupes à Dreux dont l'ennemi approchait rapidement.

Ces marches et contre-marches perpétuelles

entretiennent l'inquiétude dans le pays, fatiguent les soldats, épuisent les ressources. D'ailleurs pourquoi s'entêter à défendre une ville ouverte aussi facile à bombarder que Dreux?

De son côté, le général de Kersalaün, qui commande à Evreux, se plaint des ordres et contre-ordres qui passent par-dessus sa tête, viennent contrecarrer ses projets et ses dispositions et mobilisent ses troupes sans le prévenir (1). Aussi,

(1) Un mouvement avait été concerté autour de Vernon, entre les troupes de Louviers, les mobiles de l'Ardèche et le 1er bataillon de l'Orne; il se trouva inopinément arrêté par le brusque appel des mobiles de l'Orne à Montlandon. La dépêche suivante nous montre la surprise et le mécontentement du général de Kersalaün :

« Evreux, 20 octobre 1870, 3 h. 35 du soir :

« Général commandant Eure à commandant gendarmerie, Gaillon.

« Sur quel ordre bataillon de l'Ardèche a-t-il quitté Vernon pour retourner à Gaillon, et qui a fait quitter au bataillon de l'Orne la position ordonnée? — Réponse : ordres vous seront donnés. »

Dans ses lettres du 21 et du 27 octobre, le général revient sur ce contre-ordre dont il n'a pas été prévenu : « Le départ inexplicable du bataillon de l'Orne a bouleversé toutes mes combinaisons... » Il donne ensuite les plus sages conseils :

« Occuper toutes les positions par des détachements, des tirailleurs, des doubles vedettes, tous reliés entre eux quelle que soit l'étendue du terrain. Guerre de partisans avec une bonne réserve pour se porter où besoin serait. Recommander de ménager les feux en ne tirant qu'à coup sûr. S'il y a du canon, se coucher par terre...

Donnez-moi des nouvelles claires et précises : se méfier des on-dit. Utilisez cantonniers, facteurs, employés du télégraphe. Éviter tout combat en ligne, prendre des positions, se couvrir

dans une lettre du 21 octobre, il ordonne au commandant Châble de la gendarmerie de prendre le commandement des troupes qui défendent Vernon, l'Epte et l'Eure et de « n'obéir qu'à ses ordres et aux siens seuls ».

En quittant Nonancourt, le commandant de Labarthe avait disposé ses hommes de manière à ne pas être surpris par l'ennemi : une colonne suivait la vallée de l'Avre et prenait position sur les hauteurs qui dominent Dreux et la rivière d'Eure ; trois compagnies étaient envoyées en avant de la ville et des grand'gardes établies de tous côtés. Précaution utile, car des cuirassiers, des lanciers noirs et des hulans se montraient sur divers points.

Le lundi 24 octobre, le capitaine de frégate Félix du Temple, nommé général de brigade à titre provisoire, vint prendre le commandement de toutes les troupes qui étaient à Dreux. Il y avait là le 15ᵉ de marche, les 2ᵉ et 3ᵉ bataillons de la Manche, les 1ᵉʳ et 2ᵉ du Lot-et-Garonne, un bataillon de marins et une batterie de 4, trois compagnies de francs-tireurs et 40 gendarmes à cheval, en tout 8.000 hommes environ.

<small>des obstacles de terrain..., désigner à chaque commandant de troupes (tous reliés entre eux) un point général de ralliement. »</small>

VII

SURPRISE DES CINQ CHÊNES.

Ce même lundi soir, les soldats qui allaient prendre leurs positions, aperçurent vers le Nord une lueur rouge, accompagnée bientôt d'une lumière blanche qui éclarait tout l'horizon. Ils crurent à un formidable incendie allumé par les Prussiens. A Nonancourt, les habitants inquiets montèrent dans leurs greniers ou gravirent la côte de la Madeleine pour tâcher de découvrir le lieu du sinistre. Tout à coup vers sept heures et demie, comme si l'incendie redoublait d'intensité, de larges jets de lumière rouge ondoyante s'élancent jusqu'au zénith; puis une merveilleuse draperie se déroule avec des ondulations dorées et vertes. Dans le centre s'allume un foyer de lumière blanche, qui se dissémine à ses bords comme une rosée d'argent. Enfin jusqu'à huit heures, une large traînée de lumière empourprée enflamme les hauteurs du ciel, semblable à un immense feu de Bengale.

C'était une aurore boréale (1). Ravis par la splendeur de ce merveilleux phénomène, les ha-

(1) Elle a été observée et décrite par Camille Flammarion, *l'Atmosphère*, p. 770.

bitants oubliaient un instant les désastres de la patrie et leurs propres dangers.

Hélas! la guerre est aveugle et cruelle : rien ne peut l'attendrir. Nos francs-tireurs et nos mobiles, sans être insensibles à cet admirable spectacle, s'avançaient sur la route de Marville pour surprendre les Prussiens que l'on savait postés dans les environs. Mais à peine avaient-ils atteint le hameau des Cinq-Chênes, qu'une fusée éclatante partit à l'extrémité d'un bois voisin du côté de Châteauneuf. C'était un signal. Aussitôt, de la maison et du bois s'ouvre un feu nourri sur le 3ᵉ bataillon du Calvados qui est tout près : le commandant de la Croix est renversé dans le fossé, blessé aux reins et aux poignets; son cheval est tué frappé de huit balles; le commandant de Sainte-Marie, des mobiles de la Manche, est renversé de cheval; le capitaine de Chivré, de la Manche, est blessé mortellement; douze morts et une soixantaine de blessés jonchent la terre!... Notre marche de nuit, éventée par les espions prussiens, n'avait été une surprise que pour nous ! Cependant après une demi-heure de combat, les ennemis se retirèrent sur la route de Chartres et nos troupes reprirent le chemin de Dreux (1). Le

(1) Nous devons mentionner une autre version, émise par le commandant de Coynart et par l'auteur des *Récits de la garde mobile du Calvados*. Les hommes, trompés par l'obscurité, se

lendemain matin on recueillait encore de malheureux blessés qui n'avaient pas été retrouvés la veille, ou qui, dans leur terreur, n'avaient pas osé appeler. Les armes, les sacs, les effets de toute nature, ramassés le long de la route ou dans les bois, furent transportés à Nonancourt.

VIII

NOUVELLE RETRAITE ET ESCARMOUCHES.

Le général du Temple voyant ses troupes harassées et découragées, comprenant que l'ennemi viendrait en force attaquer Dreux, jugea prudent d'ordonner la retraite sur Saint-André. La nuit était assombrie par une pluie fine et glaciale ; « nos pauvres mobiles grelottaient, trempés jusqu'aux os, sous leurs maigres vareuses effiloquées et en lambeaux. Cette marche, pendant cette nuit de triste mémoire, était coupée par des haltes inquiétantes ; on marchait accablé,

prenant mutuellement pour des ennemis, tirèrent les uns sur les autres. Avant que les officiers eussent pu découvrir la fatale méprise et arrêter la fusillade, de nombreuses victimes étaient tombées. Les détails que nous donnons plus haut sont fournis par le commandant de la Croix qui assistait à cette affaire et y fut blessé.

le cœur serré. Les mobiles, se tenant à peine, et luttant contre la fatigue et le sommeil, se heurtaient à chaque pas. » Sur le matin, on arrivait à Saint-Georges-sur-Eure et à une heure de l'après-midi à Saint-André, où l'on se reposa deux nuits.

A l'heure même où nos troupes entraient dans Saint-André, les premiers hulans paraissaient à un kilomètre de Dreux. L'un d'eux, complètement ivre, ayant donné son cheval et sa lance à tenir à un jeune homme qui se trouvait là, celui-ci lui enleva son sabre, sauta sur le cheval et vint à Nonancourt rejoindre les mobiles du Calvados. Le hulan prisonnier fut conduit à l'hospice de Dreux. Quelques heures après, la ville était occupée par les troupes du général von Schmidt. Un de nos compatriotes, qui s'y trouvait à l'arrivée des Prussiens, resta prisonnier quelques heures; il affirmait plus tard avoir vu des mobiles et des francs-tireurs garrottés et attachés aux piliers de la halle.

Les ennemis lancent des cavaliers dans toutes les directions, sur la route de Nonancourt sur celle de Saint-André, afin de reconnaître la trace des Français. Le 25, à Marcilly-sur-Eure, ils se heurtent aux francs-tireurs de la Gironde, et à un corps de gardes nationaux des environs. Le 26, ils font une démonstration du côté de Saint-Georges, tandis que quelques-uns des leurs, passant par les bois de Louye, cherchent à tourner les francs-tireurs, embusqués dans les bois de la Mésangère et derrière les arbres de la prairie qui borde la route. Le capitaine des francs-tireurs s'aperçoit de ce mouvement; pas une minute à perdre, ils vont être cernés, pris et certainement fusillés! Il réunit son monde et fait part à ses hommes de la gravité de la situation. Il leur recommande le sang-froid et la discipline, les range en file et s'élance à leur tête pour devancer les Prussiens et gagner le versant opposé du Val-Léger. En sortant d'un fourré, il se trouve face à face avec un officier prussien, lui brûle la cervelle et parvient enfin à reformer ses hommes sur le coteau à l'abri des ennemis.

Les Prussiens apprenant que les Français reviennent sur les lignes de l'Avre et de l'Eure, ne s'établissent pas à Dreux, ils se contentent de lever une forte contribution et partent le 28, avant le jour. Dans la suite ils firent fréquemment visiter la ville par des patrouilles, souvent attaquées par les francs-tireurs qui rôdaient continuellement dans les environs et quelquefois même se cachaient dans les faubourgs.

En effet le colonel du Temple quittait Saint-André et revenait par Illiers-l'Évêque occuper les lignes de l'Avre. Le 27 octobre, pendant que Français et Prussiens se livrent quelques escarmouches sur les rives de l'Eure, le 1ᵉʳ bataillon des mobiles du Calvados prend position à Nonancourt et sur les hauteurs environnantes, le 3ᵉ bataillon campe à Saint-Germain-sur-Avre; le 2ᵉ bataillon avec le 3ᵉ de la Manche, les marins et la demi-batterie d'artillerie garde le Mesnil-sur-l'Estrée et Louye.

Une grosse difficulté s'ajoutait aux préoccupations de la guerre : comment ravitailler ces 8.000 hommes au milieu de pays épuisés par les fréquents passages de troupes? Les chefs s'ingénièrent à procurer le nécessaire à leurs soldats; quelques habitants s'y prêtèrent avec un patriotisme généreux, le curé de Louye (1) en particulier s'employa avec un zèle infatigable à procurer des vivres à nos mobiles affamés et à donner aux officiers la plus cordiale hospitalité. Après un jour ou deux, le service de l'intendance fut organisé, les vivres abondèrent et les distributions se régularisèrent.

Avant d'envoyer ses troupes à Nonancourt et dans les environs, le général du Temple leur avait adressé cet ordre du jour, où l'on sent l'âme découragée du vieux marin :

---

(1) Le bon abbé Duchesne, aumônier des mobiles de M. Paul de Chartrouse pendant la guerre, et apiculteur émérite pendant la paix.

« Officiers et soldats,

« Vous allez occuper de nouveaux postes.

« Je ne vous aurai plus sous les yeux, mais je
« n'en veillerai pas moins avec sollicitude sur
« vous.

« Je ne puis encore vous adresser d'éloges sur
« votre tenue et votre solidité au feu. Si quelques
« bataillons n'ont pas fléchi, quelques-uns pris
« de vertige se sont retirés en désordre dans la
« dernière affaire de Dreux.

« Je ne suis que depuis peu de temps parmi
« vous, mais je ne puis m'empêcher d'être tou-
« ché de votre patience et de votre abnégation,
« dans les tristes circonstances où nous nous
« trouvons.

« Du courage, pauvres gens, qui avez tout
« quitté pour défendre votre pays. Officiers et
« soldats, formez-vous vite; serrez les rangs; du
« calme, et vous serez bientôt les soutiens et les
« sauveurs de notre pauvre pays.

« Ce que je demande à Dieu, c'est qu'il m'aide
« dans la belle et lourde tâche qui m'incombe,
« celle de vous guider.

« Le commandant d'armée d'Eure et Avre,

« Félix du Temple. »

En même temps que ces troupes s'échelonnent

sur les bords de l'Avre, les mobiles de l'Eure et de l'Ardèche avec les francs-tireurs de Moquart s'avancent par la ligne de l'Eure.

C'est la présence de ces troupes qui force les Prussiens à évacuer Dreux momentanément.

Instruit de leur départ, le général du Temple songe à donner un peu de repos à ses hommes et à les ravitailler. Le 28 à neuf heures du soir, le commandant de la Croix reçoit l'ordre de quitter son poste le lendemain de grand matin et de se replier avec la colonne sur Verneuil. Il retire ses grand'gardes et ses avant-postes et attend, sur la route de Louye à Nonancourt, le reste de la colonne, qui n'arrive qu'à une heure et demie. Le colonel ordonne au 1er et au 3e bataillon du Calvados de se diriger immédiatement sur Verneuil sans s'arrêter. Ils arrivèrent dans cette ville, à sept heures du soir, épuisés de fatigue et de faim. Ils purent enfin déjeuner. On leur distribua aussi des effets d'habillement et d'équipement dont ils avaient le plus grand besoin.

IX

LA GARDE NATIONALE A NONANCOURT

A Nonancourt, l'approche des ennemis rend plus soupçonneux; les esprits sont surexcités;

on arrête les voyageurs et les voitures; tout inconnu est un espion prussien (1). Et malgré cela, les précautions essentielles en face de l'ennemi ne sont pas observées! Ainsi le 15 octobre, le lieutenant, commandant la deuxième compagnie des francs-tireurs d'Évreux, vient visiter un poste. Il est neuf heures et demie du soir; la sentinelle ne l'a point arrêté et le sergent vient sans armes le reconnaître; de son côté, le caporal proteste contre cet officier, qui prétend faire une ronde et qui n'a ni fanion, ni mot de ralliement.

Un autre jour, le 19 octobre, le chef de bataillon Presleur fait une ronde supérieure vers dix heures et demie : le chef de poste ne vient pas le reconnaître.

Une nuit, la patrouille qui allait relever les sentinelles ne retrouve plus celle de Mocdieu : a-t-elle déserté son poste? a-t-elle été enlevée par l'ennemi? Pendant que les hommes, intrigués et inquiets, regardent autour d'eux, ils aperçoivent le pauvre factionnaire profondément endormi sur un tas de cailloux, son fusil entre les jambes et un revolver à portée de la main. Après une journée de rude travail, il s'était cru

(1) C'est ainsi que furent arrêtés le ministre des États-Unis et le consul de Valparaiso; amenés au Grand Cerf, ils furent reconnus; on les conduisit jusqu'à Verneuil.

2.

assez fort pour aller prendre son poste et il avait été vaincu par la fatigue.

Enfin, ce qui prouve la désorganisation qui régnait partout, le 23 octobre, la patrouille de Saint-Rémy se heurte à celle de Nonancourt : elles n'ont pas le même mot d'ordre! Celle de Dampierre-sur-Avre n'en a pas!!!

Et pourtant, l'ennemi est là, qui prépare sa marche en avant et l'éclaire par ses espions (1). Cette même nuit, un cavalier descendait la côte de la Mare aux petits prés; arrêté par la patrouille, il se donne comme éclaireur des mobiles de Chartres, chargé de dépêches pour le général qui est à Nonancourt. Déjà, à Laons, il s'était donné comme lieutenant de francs-tireurs, se dirigeant sur Nonancourt.

Le 25 octobre, vers trois heures du soir, 150 Prussiens avec trois pièces de canon s'avancent jusqu'à Saint-Rémy et campent dans les

(1) Dans son livre, *les Francs-Tireurs de la Sarthe*, le comte de Foudras raconte aux pages 56 et 57 quelques-unes des ruses des Prussiens : « De temps en temps, nous apercevons des lumières qui illuminent l'horizon, d'une lueur fugitive : c'est une fusée qui s'élève rapide vers le ciel, ou bien c'est une lanterne qui paraît et disparaît au loin, véritable feu follet qui court sur la lisière des bois ou sur la crête des collines. Ces lumières sont évidemment des signaux de l'ennemi. Parfois aussi, nos pas, en frappant le sol, font jaillir des étincelles : il n'y a pas non plus à en douter, du phosphore a été répandu avec intention sur la route. L'Allemand a les ruses de l'Indien : s'en serait-on jamais douté? »

bois, près de la Pyramide. Ils envoient des éclaireurs parcourir les rues du village, pendant que d'autres cavaliers saccagent la gare, enlèvent les rails, brisent la pile du télégraphe et plusieurs autres objets. Cinq d'entre eux se rendent ensuite au château et demandent de l'eau-de-vie : M. Evelyn Waddington leur indique un café, où ils vont boire deux litres de vin et un litre d'eau-de-vie en mangeant des tartines de beurre.

Le 27, six hulans viennent jusqu'à l'usine Wulliamy, où flotte le drapeau anglais. Ils demandent au propriétaire s'il y a de la garde mobile dans Nonancourt et si la ville se défendra. Déjà deux cavaliers s'avancent le pistolet au poing pour explorer les abords de la porte de Dreux. Mais à ce moment, les ouvriers sortent en foule de l'usine, pendant que des gendarmes, des mobiles et des francs-tireurs descendent la côte de la Madeleine : les hulans effrayés prennent la fuite.

X

DERNIERS PRÉPARATIFS

Il est grand temps de réformer les cadres de la garde nationale et de lui donner une discipline plus énergique. Armand Foucault est nommé capitaine adjudant-major; Pierre-Ferdinand-Charles Peltier, capitaine rapporteur; Adrien Hottenier, lieutenant-secrétaire. En présence de MM. Gosse, Besnard et Chédeville, les gardes nationaux élisent leurs officiers, sous-officiers et caporaux (1) et le dimanche, 13 novembre, ils reçoivent leurs armes.

Le 29 octobre, la Commission administrative de Nonancourt avait voté 500 francs, pour contribuer à la défense générale du territoire. Mais déjà il fallait prévoir le moment très proche, où l'invasion amènerait l'ennemi sur les bords de l'Avre. Bazaine a livré Metz et sa vaillante armée (28 octobre); les Allemands rassurés de ce côté dirigent leurs troupes victorieuses sur Paris et sur la Loire. Ils parcourent le Vexin; ils visitent Anet, Bueil, Garennes, Ivry-la-Bataille, Chaignes, etc., et logent à Mantes (2). De graves dé-

(1) Officiers : MM. Grandin, Hucher, Séron, Laumailler, Leclerc. Sous-officiers : MM. Alfred Manet, sergent-major; Joseph Hélard, sergent-fourrier; Eugène Jeuffroy, Jean Rose, Nicolas Prumiel, Adolphe Mary, Léon-Fortuné Landrin, sergents. Caporaux : MM. Léon-Victor Chédeville, Samson, Petit, Lebœuf, Louis Lefèvre, Désiré Mercier, Ludovic Bonnin, Alexandre Dagomet, Auguste Ternaux, Brétignières, Édmond Hébert, Hippolythe Naveau.
(2) Le 31 octobre, à Paris, une nouvelle insurrection tente de renverser le gouvernement issu de l'émeute du 4 septembre. La victoire reste à la Défense nationale.

cisions sont à prendre ; les intérêts de la ville, la sécurité des habitants, l'avenir peut-être, doivent être sauvegardés. Le maire Adrien Demolliens et l'adjoint Auguste Gosse demandent qu'il soit désigné deux membres pour les aider de leurs conseils et de leur dévouement. Alphonse Royer et Arthur Besnard, premiers conseillers, sont élus comme adjoints supplémentaires. « Messieurs, dit le maire, je compte sur le concours permanent des membres de la commission municipale; car je veux, à chaque instant, surtout dans les circonstances difficiles où nous nous trouvons, m'entourer des lumières de mes collègues. »

Le moment décisif approchait. Après de nombreuses escarmouches les Prussiens se décidèrent à occuper Dreux d'une manière définitive.

De temps en temps, les francs-tireurs venaient dresser des embuscades aux patrouilles ennemies et leur tuer quelques hommes.

Dans la nuit du 6 au 7 novembre, la garde nationale de Nonancourt reçut l'ordre d'escorter avec la plus grande vigilance deux voitures qui arriveraient de Dreux et qui lui seraient remises par la garde nationale de Saint-Rémy. Ces voitures mystérieuses contenaient vingt-sept caisses de 75.000 cartouches, qui avaient été abandonnées à la poudrière, dans la nuit du 24 octobre, et dont heureusement les Prussiens n'avaient pas soupçonné l'existence. Au moment même de leur départ, une patrouille de cuirassiers ennemis entrait dans Dreux : la nuit était sombre et pluvieuse! les Allemands ne s'aperçurent de rien! La grand'garde des francs-tireurs et des gardes nationaux établie dans les bois de Saint-Rémy, secrètement prévenue, escorta jusqu'à Nonancourt le convoi qui de poste en poste arriva sans encombre à Verneuil.

Le 11 novembre, des francs-tireurs s'embusquèrent dans les faubourgs mêmes de Dreux et tuèrent quelques hommes à l'ennemi. Le lendemain une forte escouade de cavalerie vint demander raison de cette attaque dans la ville. L'officier se contenta des explications que lui donna la municipalité, mais il annonça que désormais Dreux serait occupé par une garnison allemande.

XI

BATAILLE DE DREUX.

On parlait beaucoup d'une importante concentration des troupes françaises du côté de Verneuil et de Senonches. Le dimanche 13 novembre, on eut l'illusion de la marche en avant d'une véritable armée : cinq à six mille hommes traversèrent les rues de Nonancourt se dirigeant sur Dreux : ils faisaient partie, disait-on, d'une armée de 150.000 hommes qui s'avançait à la rencontre de l'ennemi. Les Bavarois avaient été battus le 9 à Coulmiers par Aurelle de Paladines; ils avaient évacué Orléans et se repliaient découragés sur Paris. Tous ces bruits surexcitaient le patriotisme et ravivaient l'espérance; mais cette lueur de triomphe s'évanouit bien vite.

En arrivant à Dreux, des patrouilles surveillent toutes les rues; les chasseurs d'Afrique traversent la ville à toute bride et prennent position en avant pour permettre au général du Temple, qui les suit, de placer ses grand'gardes : les mobiles, les marins et une batterie de quatre font ensuite leur entrée. Mais, le 15, la batterie d'artillerie quitte Dreux. Le 16, une grande reconnaissance a lieu du côté de Nogent-le-Roi : cette ville est occupée par les Allemands.

Ceux-ci croyant avoir affaire à l'avant-garde de l'armée de la Loire, concentrent leurs troupes pendant la journée et pendant la nuit, s'approchent à la faveur des bois et massent toutes leurs forces autour de Dreux. Ils sont là 25.000 hommes, soutenus par huit batteries de divers calibres.

Le général de Malherbe qui commandait la ligne de défense de Dreux à Senonches, avait établi son quartier général au château de Saint-Lubin-des-Joncherets, 15 novembre. Il avait avec lui 7 à 8.000 hommes; une partie défendait Dreux; il disposa le reste entre cette ville et Nonancourt, reliant ces troupes avec celles qui étaient échelonnées depuis Senonches. Le télégraphe ne cessait de communiquer avec les divers centres de défense; on fut même obligé de demander un second employé.

Dans la journée du 17 novembre, on entendit le canon dans la direction de Dreux. Chaque coup résonnait violemment dans le cœur des habitants de Nonancourt : ils sentaient que leur sort dépendait de l'issue de la lutte qui se soutenait à quelques lieues. On était sans nouvelles, et ce silence donnait lieu à toutes les conjectures.

Vers le soir, accourant ventre à terre du champ de bataille, une estafette apporte une triste dépêche aux bureaux de l'état-major. Les mobiles et les marins du général du Temple se sont vaillamment battus; mais écrasés par l'artillerie, refoulés par les masses profondes de l'infanterie, cernés par la cavalerie, ils se sont dispersés pour échapper à l'ennemi. Nous sommes aussi vaincus du côté de Senonches, et l'armée allemande manœuvre pour envelopper nos troupes!...

La bataille avait commencé dans la matinée, de la vallée de la Blaise à la vallée d'Eure : l'ennemi se montrait sur les routes de Chartres, Châteauneuf, Houdan et Nogent : il était évident qu'il voulait cerner la ville et envelopper les Français. Nous étions si mal renseignés sur les mouvements de l'ennemi que personne n'avait soupçonné l'approche d'un corps d'armée si important.

Vers le milieu de la journée, le général de Malherbe arrivait de Nonancourt et trouvait nos troupes luttant héroïquement. Ne connaissant pas suffisamment le terrain du combat, il avait décliné d'abord la responsabilité du commandement; mais bientôt l'hésitation n'était plus possible : il y avait quatre heures que 5.000 Français, armés de fusils à tabatière et à piston, sans canons (1), se battaient contre 25.000 Prussiens, soutenus par une puissante artillerie. Le général donna l'ordre de la retraite. Toutes les routes étaient occupées par l'ennemi; celle de Nonancourt seule offrait encore un passage libre; il fallait se hâter d'en profiter.

A six heures, un épais brouillard, survenu

(1) Ce manque d'artillerie décourageait nos soldats. Des divers points menacés par l'ennemi, on demandait des canons. Le général de Kersalaün ne pouvait que répondre avec tristesse : « L'artillerie, vous savez que nous n'en avons pas! » Lettre du 23 octobre 1870, deux heures du matin.

tout à coup, masqua le mouvement aux Allemands, qui ne purent l'empêcher avec leur cavalerie. Onze heures venaient de sonner, lorsque la colonne entra dans notre ville. Tous succombaient de faim et de fatigue ; cependant le général de Malherbe fit appel à l'énergie des officiers, au courage et à la bonne volonté des soldats pour établir des grand'gardes, surveiller les manœuvres des ennemis, éviter toute surprise. Une compagnie par bataillon fut chargée de cette dangereuse et pénible mission. Ce qui restait du 1er bataillon du Calvados s'établit à droite de Nonancourt ; la 1re du 2e prit position dans un bois au-dessus de la ville ; le 3e bataillon fut placé à la Madeleine dans les bois de l'autre côté du chemin de fer, près de Saint-Germain-sur-Avre.

« Cette nuit, écrit un commandant de grand'garde dans son rapport, nous a coûté plus de monde qu'un combat. Le brouillard était très épais, l'air chargé d'humidité : nos hommes couverts de sueur par une marche forcée, n'osaient dresser leurs tentes et allumer leurs feux, à cause de la proximité de l'ennemi. Tenus en éveil par des alertes continuelles, ils ne pouvaient prendre un instant de repos et restèrent près de trente heures sans manger. Le lendemain, près du tiers de l'effectif de ces compagnies entrait à l'hôpital ».

Le général était fort inquiet des suites de cette journée. Les précautions essentielles prises afin d'obvier à un coup de main de l'ennemi victorieux, il télégraphia au chef-lieu du département pour demander de l'artillerie : les six pièces de canon qui étaient à Dreux avaient été envoyées au Mans la veille ; or, sans canons, une résistance sérieuse était impossible.

Quelle nuit que celle du 17 au 18 novembre !... De toutes parts rentraient en ville les débris des troupes qui avaient combattu à Dreux : les uns en bon ordre, mais la plupart à la débandade, sans sacs, sans fusils, harassés, affamés, découragés.

Le capitaine Lecorre, de la 8ᵉ compagnie du 3ᵉ bataillon du Calvados, après s'être battu comme un lion à Nuisement, avait pu s'échapper avec cinq hommes, traverser les jardins et remonter par la caserne. Au lieu de prendre la route de Nonancourt, qu'il supposait sillonnée par la cavalerie allemande, il se dirigea sur Saint-Germain et rentra à Nonancourt vers trois heures du matin.

Les 5ᵉ, 6ᵉ et 8ᵉ compagnies du 1ᵉʳ bataillon du Calvados sous les ordres du capitaine Le Hardy, étaient à Saint-Denis de Moronval. Surpris par la nuit, le capitaine organisa prudemment sa retraite, soutenant le moral et la confiance de ses hommes, surveillant lui-même de temps en temps la garde des rangs. Il parvint ainsi à Saint-Georges-sur-Eure, de là à Saint-Laurent où il trouva le capitaine de Rougefosse avec la 1ʳᵉ et la 3ᵉ compagnie. Après une halte d'une heure pour prendre un peu de nourriture, — ils n'avaient pas mangé depuis vingt-quatre heures, — ils partirent pour Saint-André, où ils arrivèrent à trois heures du matin. Le commandant Reynaud qui s'y trouvait, se mit le lendemain à la tête de la colonne afin de rentrer à Nonancourt. A Illiers-l'Évêque, il apprit que les Prussiens rôdaient dans les environs; il prit le chemin de Damville pour aller à Conches, puis à Laigle.

Cependant huit obusiers de montagne étaient arrivés d'Évreux sous les ordres du capitaine Charner, « vieillard de 70 ans, dont tout le monde a su apprécier l'entrain, la vigueur et l'énergie ». Ils furent placés sur le champ de foire au faubourg de la porte de Verneuil.

Un hussard Hessois, fait prisonnier, annonçait que des troupes, venant de Saint-Germain en Laye, attaqueraient Nonancourt le lendemain.

Parmi nos soldats et nos officiers allait et venait, écoutant et interrogeant avidement, un inconnu d'un certain âge, à la tournure martiale et à l'accent allemand. Il se donnait comme ancien officier alsacien, heureux de pouvoir encore rendre service à son pays. La rosette qui ornait sa longue houppelande, un langage ardemment patriotique, les détails émus qu'il racontait sur l'invasion de l'Alsace, attiraient la sympathie et la confiance. Chose étrange, il disparut la nuit même... Qu'était-il devenu?... Nous le retrouverons bientôt.

XII

ENTRÉE DES PRUSSIENS A NONANCOURT.

Le vendredi 18 novembre (1), la matinée fut assez calme. Un brouillard épais et glacial, qui finit par tomber en pluie fine et serrée, empêchait de voir au loin. Chacun prenait ses précautions et cachait les objets précieux dans l'attente du bombardement ou du pillage. De temps en temps, on allait aux nouvelles, et l'on rentrait sans une parole d'espérance, le cœur serré par l'angoisse. Quelques hommes de 20 à 40 ans, craignant que les Prussiens ne les fissent prison-

---

(1) M. l'abbé Ledanois, curé de la Madeleine, a laissé quelques pages de souvenirs personnels sur ce sujet dans ses notes sur l'histoire de Nonancourt.

niers pour les empêcher d'obéir au décret de mobilisation, quittèrent Nonancourt et se réfugièrent dans les bois ou dans les villages voisins.

Le général de Malherbe, dès le point du jour, donna l'ordre au capitaine Hommey de prendre le 2° bataillon du Calvados et d'aller, sur la route de Dreux, s'assurer que l'ennemi ne poursuivait pas. Le capitaine s'avança jusqu'au delà de Saint-Rémy; le peloton de chasseurs à cheval, qui le précédait, s'aventura même à peu de distance des faubourgs de Dreux. Ils ne rencontrèrent aucun ennemi et ne remarquèrent rien d'insolite. Cependant le brouillard était tellement épais qu'ils ne furent qu'à moitié rassurés par cette excursion; impossible de voir à quelque distance et d'explorer les environs.

A son retour à Nonancourt, le capitaine fit former les faisceaux à son bataillon, afin de le laisser reposer et prendre son repas, mais en recommandant vivement à ses hommes de ne pas s'éloigner et de manger rapidement. Pendant ce temps, le général organisait la retraite sur Acon, Tillières, Verneuil et Laigle.

Ce mouvement s'exécutait en assez bon ordre, quand une bande de traînards de tous les corps qui s'étaient battus à Dreux, marins, mobiles, francs-tireurs, se précipite dans les rues de Nonancourt, en criant que les Allemands s'avancent à la poursuite de l'armée française. Le 2° bataillon, surpris par ces clameurs, cède un instant à la peur et s'enfuit en abandonnant ses faisceaux. Cette cohue de fuyards grossit en chemin. Les cris: « Les Prussiens! Les Prussiens! Voici les Prussiens! » retentissent de toutes parts. Une panique épouvantable s'empare des malheureux soldats découragés par leur récente défaite : jetant leurs sacs et leurs fusils pour mieux courir, dépouillant même leur vareuse ou leur tunique, se bousculant les uns sur les autres, ils s'enfuient dans un désordre inexprimable sous les yeux de la population terrifiée. Et les voitures, lancées à fond de train, galopaient au milieu de cette effroyable mêlée!

Les officiers s'efforcent d'arrêter cette débandade. Le général de Malherbe, le revolver au poing, menace de brûler la cervelle aux fuyards. Le commandant de Labarthe, par sa voix énergique et sa ferme attitude les arrête : « Mais les Prussiens ont pris les fusils, s'écrient les mobiles. — Eh bien! allons les reprendre, » répond simplement le commandant. Et il entraîne ses hommes vers l'endroit où ils avaient abandonné leurs faisceaux : ils les retrouvent intacts!!! Honteux de cette panique qui paraissait injustifiée, les mobiles reprennent leurs armes et veulent attendre l'ennemi. Mais le général fait rentrer les grand'gardes et accélérer la retraite.

La petite troupe de marins, admirable de discipline et de sang-froid, tentait de réagir contre l'émotion universelle. Dans un ordre parfait, elle avait rapidement monté la grande rue et s'était postée contre le cimetière, prête à faire feu pour arrêter l'ennemi et protéger la retraite. Comme les Allemands ne paraissaient pas, quelques hommes furent envoyés en éclaireurs à la porte de Dreux : ils ne purent rapporter aucun renseignement. Alors, ils prirent à leur tour la route de Verneuil et s'arrêtèrent encore au bas de la côte de la Morinière. Plusieurs cependant restèrent avec des francs-tireurs et des gardes nationaux et gagnèrent la voie ferrée, afin d'attendre les événements et d'envoyer quelques coups de fusils aux Prussiens, s'ils entraient dans la ville. Les chasseurs campés à la gare, défilèrent par le chemin de Damville et des Puits, et rejoignirent le reste de l'armée sur la route de Verneuil.

Vers une heure, on ne signalait encore aucun ennemi; le maire résolut d'instruire le préfet par dépêche de la triste situation de la ville. Le télégraphiste, envoyé par l'administration, était parti à la suite de la débâcle. Le secrétaire de la mairie, Xavier Labrebis, à la nouvelle de l'arrivée de l'ennemi, avait démonté les appareils et les avait transportés dans une maison voisine. Avant de les rétablir pour envoyer la dépêche du maire, il proposa d'aller s'assurer par lui-même de l'imminence du danger.

Il monta au clocher de la Madeleine et s'efforça d'explorer les environs avec une longue vue : mais le brouillard était tellement épais qu'il ne distinguait rien à cinquante mètres. Il descendait vers Nonancourt, lorsque, arrivé au viaduc du chemin de fer, il entendit des cris et une fusillade terrible (1). Un franc-tireur de Paris, caché dans les hautes herbes, prêt à faire le coup de feu contre les Prussiens, lui dit : « Sauvez-vous! ils ne sont pas loin et il ne fait pas bon ici! » En effet, les balles sifflaient autour d'eux. Labrebis,

(1) A peine à moitié de la côte, dit Labrebis à la page 2 de ses Souvenirs, j'aperçus des ouvrières de fabrique débouchant du viaduc du chemin de fer en criant : « Sauvez-vous! Voilà les Prussiens! » Je montai vivement le talus escarpé du chemin, et, plié en deux, croyant toujours entendre derrière moi un coup de feu, j'allai pour entrer dans une maison voisine : déjà les portes étaient fermées! A ce moment n'entendant plus rien, je me rapprochai du chemin, mais les cris redoublèrent. Alors je me jetai dans un champ de vignes aboutissant sur la ligne. Là j'entendis des décharges épouvantables, les balles passaient à peu de distance de moi en faisant entendre un sifflement qui était loin de m'être agréable. Je me mis à quatre pattes et dans cette position, je me dirigeai vers le chemin de fer qui se trouvait être au-dessous de moi. Arrivé au bord, presque couché, j'écartai les herbes et j'aperçus un individu armé d'un fusil que je pris pour un Prussien. Je m'aplatis contre terre, prêt à expédier ma longue vue dans les buissons, de peur d'être pris pour un chef de Francs-tireurs. Tout à coup, j'entendis cet individu parler en français et je le reconnus pour un franc-tireur de Paris.

3.

prenant une rue détournée, rentra à la mairie, où l'attendaient avec anxiété le maire, l'adjoint et trois ou quatre conseillers municipaux.

5.000 Prussiens, landwehr, cuirassiers, dragons et lanciers, sous le commandement du général de Brédow, s'avançaient par la route de Dreux avec six pièces de canon et 3.600 chevaux. Quelques compagnies de cavaliers se détachent et s'élancent au galop à travers les rues pour cerner la ville. En face de Mocdieu, des francs-tireurs et des gardes nationaux de Nonancourt, Saint-Lubin et la Madeleine, cachés dans le remblai du chemin de fer, retardent la marche de l'ennemi par une fusillade bien nourrie et bien dirigée : une trentaine de Prussiens, dont un officier, sont, dit-on, tués ou blessés. Cette résistance rend l'ennemi furieux : il place son artillerie sur les hauteurs qui dominent la ville, mais le brouillard est si intense qu'il n'ose tirer dans la crainte d'atteindre ses propres troupes.

Pendant que le gros de l'armée suit la grande route, un détachement s'avance par les Caves et la Leu; un autre passe par le pont des Rouliers, longe les bois de la Bucaille et la ligne du chemin de fer. Un certain nombre d'habitants de la Madeleine étaient montés jusqu'à Bellevue pour essayer de voir ce qui se passait dans la vallée. Tout à coup, à travers l'épais brouillard, ils aperçoivent une masse confuse qui s'agite au-dessous d'eux et entendent la fusillade ; évidemment ce sont les Prussiens. Ils s'enfuient à toutes jambes et s'enferment dans leurs maisons, ne se doutant pas qu'une troupe d'ennemis était sur le point de les prendre à revers, de les massacrer ou les faire prisonniers.

La lutte engagée à la porte de Dreux se continue dans les rues de la ville. Un coup de fusil, parti du pont de Saint-Lubin, près du château, excite la vengeance des Prussiens : une compagnie descend rapidement la route, fait sa jonction avec le détachement qui arrive par le village, crible de projectiles, saccage et pille la maison d'où ils croient que l'on a tiré.

Les Allemands craignent qu'on les fusille par les fenêtres et par les lucarnes. Ils avancent prudemment, longeant les maisons, le fusil armé, surveillant les étages et faisant feu sur toute porte qui s'entr'ouvre (1). Quelques employés du chemin de fer qui prennent leur repas dans un restaurant de la rue d'Albuféra et préparaient leurs malles pour quitter le pays envahi ont la

(1) Pendant que, dans la grande rue, les habitants regardaient à travers leurs persiennes fermées, un tapage inexplicable dans l'escalier les remplit de terreur. Avant qu'ils aient eu le temps de se remettre de l'émotion, les casques à pointe apparaissaient dans l'ouverture de la chambre. Ils avaient pénétré par les larris.

malheureuse idée de monter au grenier pour mieux voir ce qui se passe. Les Prussiens les prennent pour des francs-tireurs : ils entourent la maison, gravissent les escaliers et pénètrent dans la chambre où ces hommes se sont réfugiés. Ils les font descendre à coups de crosse, de sabre et de bayonnette et marcher devant eux dans la rue. A peine ces infortunés ont-ils fait quelques pas en avant, que les Prussiens dirigent sur eux un feu de peloton en criant : « Hourrah! hourrah! » Un conducteur de première classe du chemin de fer l'Ouest, Jean-Marie-Victor Dano, tombe raide mort : une balle entrée par le dos est sortie par la poitrine; Moullières, homme d'équipe à la gare de Saint-Rémy, a la main trouée; Gouin, homme d'équipe à Nonancourt et un employé du gaz ne sont pas atteints par les balles, mais ils ont la tête et les reins lardés par les baïonnettes. Ces trois malheureux se sauvent épouvantés, couverts de sang, courant à perdre haleine à travers les rues désertes : les Prussiens ne les poursuivent pas (1); mais se répandent immédiatement dans

(1) Nous croyons absolument exact le récit que l'on vient de lire de l'entrée des Prussiens à Nonancourt : nous l'avons reproduit tel qu'il a été écrit ou raconté par des témoins oculaires. Les *Récits historiques de la garde mobile du Calvados* donnent d'après le livre de M. Fournier, *les Prussiens chez nous*, d'autres détails plus dramatiques, mais dont personne n'a pu nous confirmer l'authenticité. « A Nonancourt, dit-il,

toutes les rues de Nonancourt, de Saint-Lubin et de la Madeleine. Devant l'hôtel du Grand-Cerf, ils saisissent Leviez et Boulanger et, pour se garantir des balles françaises, les font marcher devant eux jusque sur la route de Verneuil, pendant qu'eux-mêmes tirent par-dessus la tête de ces hommes effarés. Ils arrêtent également dix-

après une alerte où le village n'était pour rien, ils se ruèrent en furieux sur les habitants, dont le seul crime était d'être sortis dans la rue ou de s'être mis aux fenêtres pour voir ce qui se passait. Ils tirèrent partout aux portes, aux fenêtres, se jetèrent dans les maisons pour en faire sortir tout le monde à coups de crosse, et, après avoir cerné les rues, firent prisonniers tous ceux qu'ils purent prendre.

Les employés du chemin de fer dînaient en ce moment dans l'auberge, leur pension. Ils y entrèrent le sabre à la main : un officier fendit la tête à Gouin, homme d'équipe de la gare de Nonancourt : les autres durent descendre dans la rue, le sabre ou la crosse dans les reins. Quand ils furent à 15 ou 20 pas en avant des Prussiens, ceux-ci firent feu. Le conducteur Dano ne poussa qu'un cri et tomba mort ; l'homme d'équipe Moullières, atteint à la main, put s'enfuir avec les autres, mais pas assez vite à cause de sa blessure : il fut rejoint et frappé de deux coups de baïonnette, dont l'un lui coupa les reins et l'autre l'éventra. Le chef de gare Maugin, le facteur Maluet et le piqueur de nuit Morin n'échappèrent aux balles que pour être pris, et restèrent longtemps en grand danger.

« Deux autres chefs de gare, qui étaient en ce moment à Nonancourt, celui de Tacoignières et celui de Saint-Rémy, eurent encore un sort plus cruel. L'un, suivant le récit de M. Amédée Achard, aurait été tué avec un raffinement de cruauté atroce ; l'autre ne se serait sauvé qu'après une chasse de deux jours dans les bois, dont les fatigues et les angoisses lui valurent mille morts. — Voir plus loin le récit d'A. Achard.

huit habitants de ces trois communes et de Saint-Rémy, sans doute pour semer la terreur, et les amènent enchaînés sur la place des Halles en face de l'église (1). Ils ne les relâchèrent que le lendemain après de vives instances de M. l'abbé Ledanois, curé de la Madeleine, de M. le baron de Prulay de Saint-Lubin et de M. Waddington.

Cependant la pharmacie Chédeville et les maisons voisines étaient criblées de projectiles; quelques pas plus loin gisait sur le pavé le cadavre du malheureux Dano, tellement labouré de balles

---

(1) Le chef de gare Maugin, qui avait voulu rester à son poste jusqu'au bout, fut amené prisonnier à la mairie. Il parvint à s'échapper au bout d'une heure et se réfugia à Laigle le lendemain.

A. Boyer, cafetier à la porte de Dreux, chez qui les Prussiens trouvèrent des paquets de cartouches qu'un voisin imprudent y avait cachés, fut couché sur un billard et menacé de mort. Mais les soldats se laissèrent attendrir par les larmes et les supplications de sa femme et de sa fille.

Ces deux faits, combinés avec la poursuite dans les bois de Marcilly dont nous parlons dans un des chapitres suivants, sont probablement l'origine de la légende racontée par A. Achard.

« Le malheureux chef de gare, dit-il, s'était débattu pour échapper à ses bourreaux. Ceux-ci, pour paralyser toute résistance, ne trouvèrent rien de mieux que de lui clouer les mains sur un billard avec des baïonnettes et de le fusiller dans cette position. Le chef de gare de Saint-Rémy, ajoute-t-il, put échapper et alla se cacher dans les bois.

« Les Prussiens organisèrent alors une véritable chasse à l'homme. Pendant deux jours, ils traquèrent ce malheureux comme une bête féroce. C'est par miracle qu'il put échapper à la fusillade qui était dirigée contre lui aussitôt qu'il était aperçu par quelques-uns de ces sauvages. »

qu'il n'avait plus figure humaine! Aux abords de la mairie, la fusillade devient encore plus furieuse. La grille a été fermée par ordre du maire. Le major Rœdern, à la tête d'un fort détachement, la secoue avec violence en criant : « M. le Maire! M. le Maire! » Au moment où il fait sauter la serrure, le Maire se présente ceint de son écharpe. Le major entre le sabre à la main, fait cerner la Mairie et envahir toutes les salles par ses hommes; puis d'un air menaçant : « On a tiré sur nous des maisons, dit-il, la ville sera punie! » Le maire explique qu'il n'y a plus dans la ville de gardes nationaux armés, que par conséquent ce sont les troupes régulières qui ont tiré et non pas les habitants. Le major promet de faire une enquête sévère et de fusiller tous les coupables, s'il en trouve. Il intime ensuite l'ordre de publier immédiatement un avis, pour que les armes et les munitions de toute espèce soient apportées à la Mairie, sous peine de mort. Il déclare que le maire et les conseillers présents resteront prisonniers, jusqu'à ce que cet avis ait été publié. Il place des factionnaires à toutes les portes et se retire.

Lorsque l'avis eut été rédigé, le tambour de ville voulut sortir avec sa caisse pour le publier... impossible! La consigne était donnée de **ne laisser sortir personne** : toute explication fut inutile, parce que l'on ne se comprenait pas : les sentinelles croisaient la baïonnette sans se laisser fléchir. Il fallut attendre le retour du major qui désigna deux soldats pour accompagner le tambour (1).

Quelques instants après, l'adjudant-major entra ; il demandait le télégraphe et l'employé. Le Maire répondit que l'employé était parti avec le général, emportant les appareils. Grande colère de l'adjudant. Mais apercevant à travers le grillage deux petits appareils qui étaient encore vissés sur la table, il pénétra dans le bureau, cassa les deux appareils, brisa le cadenas de la boîte qui contenait la pile, arracha quelques fils de cuivre et culbuta tout.

Il fallait maintenant loger et nourrir nos vainqueurs ; les officiers se pressaient à la Mairie, demandant de l'avoine, de la paille, du pain, de la viande. L'officier qui commandait l'artillerie parlait un peu français : « Pour vous, heureux brouillard ; sans cela... boum ! boum ! » répétait-il. Au milieu du tumulte, des exigences, des menaces, le maire ne savait où donner de la

---

(1) Les armes furent brisées dans la cour de la Mairie : les débris de 165 fusils et carabines avec ou sans batteries et 129 baïonnettes furent envoyés plus tard à la préfecture. Ce désarmement eut lieu le même jour à Saint-Lubin, et seulement le dimanche 20, à la Madeleine.

tête. Le major de Raush laissa cet ordre de réquisition pour le lendemain :

« Pour le bataillon de la landwehr
   Garde prussienne
925 livres de pain
650 livres de viande
650 h.
  30
―――――
19.500 Gran. café.   108 livres
Par homme 5 cigares ou du tabak
Eau-de-vie pour 650 hommes (160 litres)
240 kilo de l'avoine.

Major de Raush,
Commandant de bataillon.

Pour le 19 Novbr. à 6 heures du matin. »

Le logement fut simplifié par les sergents : le général de Bredow établit son quartier général à l'hôtel du Grand-Cerf; ses cinq régiments furent disséminés dans la ville et dans Saint-Lubin : dix, quinze, vingt, trente hommes par maison (1). Les habitants consternés ne se sen-

(1) La Madeleine ne logea pas ce jour-là; mais, le 22, elle reçut deux escadrons de lanciers. — M. Wulliamy prétendait comme sujet anglais être exonéré de tout logement; il vint réclamer à la Commandature pour qu'on retirât les soldats qu'on lui avait envoyés. « Vous êtes Anglais, lui répondit l'officier prussien; le drapeau anglais flotte sur votre maison : très bien !

taient plus maîtres chez eux et devaient se plier aux exigences de leurs hôtes impitoyables.

A 9 heures, la retraite sonna; les rues de la ville rentrèrent dans une solitude et un silence de mort, troublés seulement par le pas cadencé des patrouilles et le cri de veille des sentinelles. Nul habitant ne dormit dans cette première nuit d'invasion : les clairons qui sonnèrent le réveil à cinq heures trouvèrent tout le monde debout.

XIII

RETRAITE DES FRANÇAIS SUR LAIGLE.

Pendant cette nuit, les Prussiens n'étaient pas restés inactifs. Trois d'entre eux, qui parlaient correctement le français, se déguisèrent en bourgeois et allèrent à la recherche des mobiles qui venaient de s'enfuir. On raconte même que le soir de l'entrée des Allemands à Nonancourt, deux individus vinrent rejoindre les officiers de l'état-major; on leur fit grande fête et l'on but

---

nous respectons votre personne et votre famille. Mais le sol que vous occupez est français; il faut que nos soldats trouvent le vivre et le logement sur toute terre française. » Et il le congédia sans faire droit à sa requête.

largement à l'heureuse issue de la journée. Le lendemain, l'inconnu à l'accent allemand et à la rosette d'officier, qui avait quitté Nonancourt la nuit de la bataille de Dreux, se présentait à l'hôtel du Grand-Cerf pendant le dîner de l'état-major. Le général de Bredow, aussitôt prévenu, se leva de table pour le recevoir. Il lui serra chaleureusement les mains, le félicita et le remercia des renseignements si détaillés et si sûrs qu'il lui donnait et qui lui permettaient de surveiller les mouvements de l'armée française. C'était un espion prussien : signalé à nos officiers, il fut arrêté quelque temps après par le colonel de Labarthe.

Qu'était devenue notre petite armée ? Pendant que les Prussiens occupaient Nonancourt (1), Saint-Lubin et la Madeleine, nos mobiles arrivaient à Tillières ; ils commençaient à s'y installer, afin d'y passer la nuit, quand des mobiles d'Eure-et-Loir et des employés du chemin de fer accoururent, sur les cinq heures du soir, prévenir le général du voisinage de l'ennemi. Le 4e bataillon d'Eure-et-Loir, ignorant la présence des

(1) Quand ils vinrent établir un poste avec grand'gardes à la Morinière, une dizaine de francs-tireurs, cachés dans les broussailles, les accueillit par une vive fusillade qui ne leur fit aucun mal, mais les rendit très circonspects.

Allemands, avait quitté Dampierre-sur-Avre et le château du Gérier et se dirigeait sur Saint-Lubin de Cravant entre Tillières et Brezolles. La 8ᵉ compagnie marchait en toute sécurité vers une ferme isolée pour s'y établir. Tout à coup, au détour d'une rue, des cavaliers prussiens s'élancent dans ses rangs au galop de leurs chevaux, faisant feu à droite et à gauche. La compagnie, surprise par cette attaque inattendue, se disperse et ne se reforme qu'au château de la Guillerie près de Tillières, où les mobiles sont accueillis et soignés par le baron d'Aubigny. Un des blessés, abandonné par ses camarades, fut relevé par un soldat prussien, qui l'assit sur une berge et lui donna une poignée de main en le quittant. Ce fait console un peu des violences que l'on vient de lire et des cruautés que nous allons bientôt raconter.

Les autres compagnies se hâtent vers Tillières pour avertir le général. Dans cette chaude alerte, l'aumônier, M. l'abbé Piau, s'était trouvé séparé des mobiles; lorsqu'il voulut les rejoindre à travers champs, les ténèbres et le brouillard ne lui permirent point de reconnaître la direction qu'ils avaient prise. En marchant à l'aventure, il faillit donner tête baissée dans un poste ennemi. Il entendait distinctement la voix des soldats allemands qui, à coups de baïonnettes, fouillaient les bois où ils s'imaginaient sans doute que les mobiles effrayés avaient dû se cacher. « Je me glissai alors en rampant, raconte-t-il lui-même, au milieu d'un champ voisin, où je m'étendis sans plus bouger sur ma couverture. A vingt-cinq pas de moi, un cavalier prussien marchait au pas de son cheval, allant et venant, comme s'il fût resté là tout exprès pour me garder. On s'imagine aisément toute l'horreur de ma situation. Pendant dix heures, je demeurai couché ainsi sur la terre humide, par une nuit de novembre, n'ayant rien, absolument rien pour me couvrir. Si encore j'avais pu faire quelques pas pour ranimer mes membres transis! Mais gardé à vue en quelque sorte, comme je l'étais, par cette sentinelle prussienne, le moindre mouvement que j'aurais fait, m'eût attiré infailliblement une balle dans la tête.

« Dieu sait combien de fois j'ai réclamé sa protection et celle de sa très sainte Mère durant ces mortelles heures d'angoisse, en attendant le jour si lent à venir.

« Enfin il me sembla que l'aube commençait à poindre : j'étais d'ailleurs incapable de souffrir plus longtemps, et je me décidai, au prix de la mort même, s'il le fallait, à sortir de cette affreuse situation. Je m'armai donc d'une énergique résolution, fis une dernière prière, me levai bravement et m'acheminai vers le village dont je commençais à entrevoir les toits.

« Que se passa-t-il en cet instant? Mon Prussien eut-il à son tour peur de moi? Je n'en sais rien. Toujours est-il qu'il partit de son côté et s'éloigna rapidement au galop de son cheval.

« Je m'en allai frapper à la première porte qui se présenta : on ne vint pas m'ouvrir. La panique était si grande au village qu'on prenait tout le monde pour des Prussiens.

« Je me réfugiai dans une étable dont les paisibles habitants ne firent, eux, aucune difficulté de m'accueillir. Une si chaude atmosphère me ranima. Quel sommeil vraiment réparateur je goûtai là, sur cette paille, pendant près de deux heures! Et pourquoi faut-il qu'une bonne villageoise ait eu le tort de venir me réveiller si tôt? »

Comme ses chers mobiles, l'aumônier n'avait pas mangé depuis vingt-quatre heures, et il dut reprendre sa course à jeun jusqu'à un autre village plus hospitalier.

Malgré l'incroyable fatigue de ses hommes, le général de Malherbe fit reprendre la retraite : il pouvait craindre d'être attaqué à l'improviste; et de fait un mobile, qui s'était attardé, fut fait prisonnier par la cavalerie ennemie qui accourait sur nos derrières. Nos troupes se retirèrent sur Verneuil qu'elles ne firent que traverser, Bourth où elles arrivèrent à quatre heures du matin, et enfin, après un peu de repos, Laigle où elles parvinrent épuisées et démoralisées, à huit heures du soir.

« Que dirons-nous de cette marche de 60 kilomètres exécutée après une journée de combat, presque sans repos, sans prendre de nourriture, sous une pluie froide et pénétrante, dans des terrains détrempés, avec des soldats manquant de tout, sans souliers, sans vêtements, la plupart écloppés, blessés, malades, pouvant à peine se traîner?... Le cœur se serrait à voir défiler cette troupe, pourtant patiente et résignée! »

XIV

PILLAGE.

Immédiatement on réglementa les livraisons de la nourriture pour les hommes et pour les chevaux :

A 7 heures du matin, l'infanterie ;
A 10 heures, les dragons ;
Midi, les hulans ;

3 heures, l'artillerie ;
4 heures, les cuirassiers.

Cela n'empêchait pas les discussions avec les officiers et les soldats, surtout des hulans et de la landwehr, qui étaient très surexcités. Heureusement un Alsacien, Philippe-Louis Schnitzler, servait d'interprète : il rendit de grands services pendant l'occupation prussienne.

Ce même jour, 19 novembre, pour châtier Nonancourt de sa résistance de la veille et de la mort des soldats tués dans les rues, la ville fut livrée au pillage, ainsi que Saint-Lubin et la Madeleine. Les maisons abandonnées par leurs propriétaires ou leurs locataires furent complètement dévalisées : les meubles brisés servirent à des feux de joie. Les marchands de lainage, de tabac, d'épicerie, les cafetiers, limonadiers et aubergistes eurent beaucoup à souffrir. Le magasin de chaussures de M. Allais fut entièrement pillé ; les Allemands emportèrent même les souliers d'enfants. Ils distribuèrent une partie de leur butin aux femmes des ouvriers prussiens qui avaient été rappelés dans leur pays par la guerre. Ils brisaient les glaces, et enlevaient ce qu'ils pouvaient emporter. Ils sondaient partout, furetaient partout, démolissaient ce qui sonnait creux, jetaient de l'eau dans les jardins pour trouver les cachettes, fouillaient au pied des arbres.

La description de ce pillage organisé, tel qu'il s'opéra à la mairie, peut donner une idée de ce qu'il fut chez les particuliers.

Tout d'abord, les soldats éventrent les sacs, que les mobiles avaient jeté en fuyant, et prennent ce qu'ils contiennent; puis ils s'emparent des tuniques neuves des pompiers, — ayant soin de laisser les vieilles, — des épaulettes d'officier et des sabres, et écrasent les casques. Passant à la chambre du garde champêtre, ils enfoncent la porte et jettent par la fenêtre le linge et les vêtements d'homme que d'autres soldats ramassent dans la cour. Ensuite vient le tour de la salle de musique; ils brisent la porte et se distribuent les instruments et les habits; l'un d'eux emporte la magnifique bannière d'une valeur d'au moins huit cents francs.

Restait à piller la chambre du secrétaire. Celui-ci, inquiet pour ses vêtements et pour ses meubles, montait de temps en temps s'assurer que sa porte était intacte. A un moment donné, il aperçoit trois Prussiens acharnés après la serrure et secouant avec violence. Il les regarde d'un air furieux en criant de sa plus grosse voix : « Fourt! à moi cette chambre! » Les pillards s'arrêtent un instant décontenancés; mais un grand gaillard jargonne quelques mots incompréhensibles et tous ensemble font pesée sur la porte. Labrebis dégringole les escaliers, s'adresse au premier sous-officier qu'il rencontre et lui fait signe de le suivre. A sa vue, les soldats surpris se mettent au port d'armes. Le sergent se fait ouvrir la chambre, le cabinet, le placard, examine tout avec le plus grand soin. Heureusement il comprenait et parlait un peu le français. Apercevant une tunique de musicien, car le secrétaire jouait de l'ophicléide : « Soldate? » s'écria-t-il d'un air de défiance. — Non, répondit Labrebis, musicien. A moi le gros broum ! broum ! en bas. — Allez chercher : tout de suite dans votre chambre. » Ce n'était point chose facile ; les soldats qui étaient dans la cour ne prétendaient pas lâcher leur butin : ils poursuivirent Labrebis emportant son ophicléide ; mais à la vue du sous-officier debout sur le palier, ils rebroussèrent chemin. La porte de la chambre fut fermée et une défense d'entrer écrite dessus en langue allemande.

Cependant les pillards n'abandonnaient pas la partie. Une heure après, le secrétaire, toujours en éveil, aperçut un soldat qui, n'osant briser la porte, introduisait une clef dans la serrure : il lui parla d'une voix courroucée en lui montrant l'écriteau : le Prussien se sauva oubliant la clef.

De l'hôtel du Grand-Cerf, les officiers d'état-major aperçurent un drapeau tricolore, flottant sur le toit d'une maison voisine : ils crurent ou feignirent de croire que c'était un signal convenu d'avance avec les troupes françaises. Or voici simplement d'où provenait cet emblème dangereux. La maison, qui appartenait à M. Demolliens, avait été construite l'année précédente ; les ouvriers, selon leur constante habitude, avaient planté un drapeau triomphal au sommet de la cheminée. Ce drapeau, battu par les tempêtes, détrempé par les neiges et par les pluies, n'était plus qu'un lambeau insignifiant. Les Prussiens exigèrent qu'il fût abattu. On eut beau leur en expliquer l'origine, leur démontrer le danger qu'il y avait à grimper sur cette maison haute de deux étages, rien n'y fit : sous les plus graves menaces, il fallut faire tomber cette guenille devenue un épouvantail.

Le lendemain, le général fit cesser le pillage dans les trois communes.

XV

CHASSE A L'HOMME.

Dans la matinée de ce jour, pendant que nos compatriotes terrorisés remettaient un peu d'ordre dans ce qui avait échappé au pillage, deux à trois cents Prussiens partaient de Nonancourt pour tenter un coup de main sur Évreux. Tournant nos positions de la vallée d'Eure, ils espéraient, par cette pointe hardie, surprendre le chef-lieu et paralyser toute défense. Arrivés à la côte du Val-Gilbert à 4 kilomètres de Nonancourt, ils rencontrèrent le cantonnier Charles Gallais qui, soit par ironie, soit par bravade, soit par inconscience, leur dit qu'une tranchée avait été creusée au bas de la côte, qu'elle était défendue par des francs-tireurs (1) et des gardes nationaux, qu'ils allaient trouver à qui parler, etc. Les Allemands s'emparent de cet homme et envoient un détachement occuper la tranchée. Quelques habitants des villages voisins étaient venus les uns par curiosité, les autres dans l'espoir de faire le coup de feu; mais à la vue des cavaliers ennemis, ils s'enfuient dans toutes les directions.

Un garde national de Creton, qui s'était réfugié dans une maison du Val-Gilbert, voyant s'approcher quelques cavaliers, tire sur eux et s'esquive; un Prussien blessé tombe de cheval.

Ce fut le signal d'une terrible chasse à l'homme.

(1) **Les francs-tireurs de Rugles étaient en effet dans les environs.**

Les Allemands exaspérés organisent une véritable battue dans les bois : François-Désiré Marais est tué d'un coup de fusil dans les landes de Tivoli ; Jacques-Alexandre Hérisson, de Beaucé, quoique armé d'un fusil et d'un revolver, est hypnotisé à la vue de l'ennemi qui accourt sur lui et se laisse massacrer dans les bois d'Orval. Le garde champêtre de Marcilly-la-Campagne, Denis Gouhier, est poursuivi dans la plaine des Routis par deux cavaliers ; après une course échevelée, à bout d'haleine, se sentant perdu, il fait volte-face, vise avec sa carabine qui n'était pas chargée... les ennemis effrayés tournent bride et s'enfuient au galop. Le sacristain, Dominique Goy, sortait de l'église, où il venait de remonter l'horloge ; les Prussiens se saisissent de lui et l'emmènent avec eux ; le malheureux, atteint d'une douloureuse infirmité, ne marche que très difficilement ; ses plaintes finissent par attendrir les ennemis qui le relâchent après un demi-kilomètre. Le cantonnier Gallais avait été enfermé dans l'écurie de M. Riquier, à Tivoli ; ils le blessent mortellement d'un coup de pistolet ; le feu prend à la paille sur laquelle il est couché, et l'infortuné est brûlé encore vivant. L'arrivée d'un officier fait cesser cette atroce barbarie.

Cependant l'horrible chasse prenait fin ; elle avait été fructueuse. Les Prussiens continuent leur route vers Évreux, emmenant avec eux Louis-Antoine Belguise, maréchal à Beaucé; Benjamin Bourgeois, du Jarrier de Morainville; Édouard Mary, de Beaucé, qu'ils ont poursuivi jusqu'à Ardennes; René Prévost, de Coupigny, qu'ils ont arrêté à la barrière de sa cour au moment où il revenait de cacher du linge dans une marnière du Bois Rond; Basile Audiger, de Marcilly, qui descendait tranquillement de son grenier chargé d'une botte de paille; Pierre Gervais, du Jarrier de Morainville, qui était venu en chaussons jusqu'à Beaucé voir ce qui allait se passer; Léonor-Théodule Lécuyer, maréchal à Marcilly, qui les regardait passer du seuil de sa forge.

Arrivés à la Madeleine d'Évreux, les Prussiens font une halte; ils envoient un groupe de cavaliers et de fantassins établir deux canons à mi-côte, pendant que leurs éclaireurs pénètrent dans Évreux, le pistolet au poing. Le général de Kersalaün (1) ne s'attendait pas à cette audacieuse

---

(1) Il se croyait suffisamment protégé du côté de Nonancourt par les troupes du général de Malherbe; car, dans le désordre de la retraite, le télégraphe ne l'avait pas prévenu de l'abandon de la ville. Tous ses efforts se concentraient sur les lignes de Pacy et de Vernon. La brusque attaque des Prussiens et le manque de troupes le décidèrent à quitter Evreux et à se retirer sur Gaillon. Cette retraite, qui forçait à abandonner les lignes de l'Eure et découvrait une grande partie du département, souleva de vives clameurs. Le général de Kersalaün fut destitué et remplacé par le général Briand qui commandait à Rouen.

visite; il n'avait avec lui que dix gendarmes, quatre chasseurs, quarante mobiles convalescents et la garde nationale. Il était quatre heures; grâce à la rapidité de leur marche et à l'ombre du soir qui commence à tomber, les Allemands peuvent descendre jusqu'au lycée. Mais bientôt l'alerte est donnée; les gardes nationaux les saluent de quelques coups de fusil et se mettent à leur poursuite. Aussitôt les éclaireurs rejoignent au galop le groupe de l'artillerie qui lance une vingtaine d'obus sur la ville. Cette résistance permet au chef de gare d'évacuer sur Conches plusieurs vagons d'armes et de munitions, qui allaient tomber aux mains de l'ennemi.

Furieux de se voir repoussés, les Prussiens accomplissent alors sur leurs malheureux prisonniers un acte de sauvage cruauté. Prévost, battu à coups de sabre, le nez coupé, la figure ensanglantée, est frappé d'un coup mortel; Lécuyer, couvert de sang, l'oreille coupée, tombe sur la route pour aller mourir de ses blessures à l'hôpital trois jours après. Gervais reçoit une balle et tombe dans la mare de la Madeleine, où il périt. Belguise et Audiger sont achevés sur la route; Bourgeois parvient à escalader les murs écroulés d'un jardin et cherche à échapper à l'horrible sort de ses compagnons; un hulan l'aperçoit et le pousse dans une encoignure; tantôt il cherche à le faire écraser par son cheval, mais le malheureux se serre dans l'angle et se fait le plus petit possible ; tantôt il le larde de plus de 15 coups de lance, mais Bourgeois essaie de les éviter en se faisant un rempart du cheval. Pour en finir, le hulan tire un coup de revolver à bout portant et retourne rejoindre sa troupe. Bourgeois se laisse tomber lourdement et fait le mort ; heureusement il n'avait pas été blessé grièvement par la lance du hulan et la balle du revolver lui avait simplement écorché la peau du ventre. A la faveur des ténèbres, il s'échappa avec Mary qui, enfermé dans une écurie, s'était glissé sous le ventre des chevaux et avait ouvert une porte donnant dans le jardin ; tous deux s'enfuirent du côté de Grossœuvre.

Les Prussiens rentrèrent à Nonancourt dans la soirée, fiers sans doute d'un si beau fait d'armes. Le lendemain, à la tombée de la nuit, M. Alexandre Petit, maire de Marcilly-la-Campagne, recueillit les cadavres de Beaucé et les inhuma sans pompe dans le cimetière de la paroisse (1).

(1) Tous ces détails ont été recueillis avec soin par M. le curé de Marcilly qui a bien voulu nous les communiquer.

XVI

NOUVELLES PERQUISITIONS.

Sous l'influence et les conseils de M. Alphonse Royer, Nonancourt, Saint-Lubin et la Madeleine s'entendirent pour mettre en commun leurs réquisitions, et par là diminuer les exigences des soldats et supprimer les rapines individuelles; les détails de cette entente et les répartitions furent réglés un mois plus tard. Au nom du général de Bredow, le major von Raush accepta très volontiers cet arrangement qui simplifiait les démarches. Il déclara que « les réquisitions faites par la mairie de Nonancourt et les livraisons en étant la conséquence seront faites à la même mairie ou au lieu expressément indiqué par le maire. »

Cependant les soldats, arrêtés au milieu de leur pillage, cherchaient toujours à pénétrer dans les diverses pièces de la Mairie : c'était un va-et-vient continuel et assez inquiétant. Le Maire sollicita l'autorisation de fermer la porte de l'escalier. Avant de l'accorder, le général envoya un officier avec des soldats armés pour perquisitionner minutieusement. L'officier se fit ouvrir toutes les portes, tous les meubles, tous les tiroirs, sonda tous les lits; enfin, assuré qu'il n'y avait rien de dangereux, il donna l'ordre de fermer les portes.

Une heure après, le commandant de place arrivait accompagné de l'aide de camp du général et recommençait les perquisitions. A la vue de l'ophicléide, il dit au secrétaire de la mairie : « A vous cela? — Oui. — Je voudrais vous entendre. » Le malheureux musicien eut beau protester, il fallut se soumettre. Mais, soit émotion, soit mauvaise volonté, quelques notes discordantes et quelques couacs bien sentis eurent vite satisfait la curiosité musicale du commandant, qui se retira en fermant les portes.

Le lendemain, nouvelle perquisition!... Un officier raide et menaçant entre à la mairie : « Que personne ne sorte d'ici, dit-il, car les soldats ont l'ordre de faire feu! » Toutes les issues étaient gardées. L'officier, le secrétaire et l'interprète recommencent la visite des chambres. Dans le placard du secrétaire, il aperçoit la tunique de musicien. Il le prend au collet en disant : « Vous soldate? — Non, musicien. — De l'armée alors? — Non, de la ville. — Musiciens de la ville pas habillés comme cela ». L'interprète doit expliquer que les musiciens avaient tous un semblable uniforme.

Dans la grande salle de la mairie, autrefois, une porte communiquait avec l'escalier de la cour; cette porte était murée depuis longtemps; mais comme la clôture n'était pas de l'épaisseur du reste du mur, on avait placé une petite cloison en bois, afin de mettre le tout à l'alignement et de permettre au peintre de coller son papier. Or le bois en séchant avait fait éclater ce papier, qui ne se raccordait plus avec celui de la muraille. L'officier s'en aperçoit; il frappe cet endroit du pommeau de son épée : cela sonne creux ! Se tournant brusquement vers le secrétaire et lui mettant la main sur la tête comme une menace, il le somme de jurer qu'il n'y a là rien de suspect. Labrebis ne veut point répondre et appelle le maire qui est dans le bureau à côté. M. Demolliens explique que, étant à la mairie depuis un mois seulement, il ne sait rien. Impatienté, l'officier fait enfoncer les planches d'un coup de baïonnette et fouille en tous sens avec son épée. N'ayant rien trouvé, il continue ses perquisitions jusque dans les caves; puis se retire.

Ces trois perquisitions si minutieuses avaient pour but surtout de découvrir le drapeau de la garde nationale : or ce drapeau n'existait pas.

Pendant ce temps, une voiture d'ambulance, revenant du champ de bataille de Dreux, entrait au Grand-Cerf; elle était accompagnée de Mme de Montgommery, de MM. de Bertheux et Féret et du docteur Labordette. Les Prussiens refusent de les laisser aller plus loin et prétendent même les forcer à retourner en arrière. Les ambulanciers résistent : alors on leur arrache leurs insignes et on leur enlève leurs chevaux. Dans le courant de la journée, le maître de l'hôtel, M. Guérin, sut profiter d'un moment d'inattention des ennemis pour faire partir les nobles prisonniers par Saint-Lubin, l'Éclache et de là gagner Lisieux.

XVII

EXIGENCES ALLEMANDES.

Sur le soir du même jour, un sous-officier apporta à la mairie un ordre du général d'avoir à lui fournir, pour le lendemain, six heures du matin, un homme à cheval, afin de guider les Prussiens jusqu'à Damville. — Qui choisir pour une mission si douloureuse pour un patriote et si pleine de périls? C'était l'envoyer presque sûrement à la mort : car cet homme, marchant à la tête de la colonne, se trouvait placé entre deux feux : si les francs-tireurs attaquaient les ennemis, il tombait sous les balles françaises et prussiennes! — Le cœur torturé d'épouvante et d'angoisse, le maire ne peut se résigner à choisir la victime. Il va avec l'interprète trouver le général ; par toutes sortes d'arguments, il essaie de le faire changer de résolution ; il le supplie même de ne pas faire exécuter cet ordre. Raisonnements et prières, tout est inutile : la guerre est impitoyable ! Le général reste inflexible.

De retour à l'hôtel de ville, la mort dans l'âme, le maire, par un ordre de réquisition, désigne un ancien postillon, Louis Lagneau, pour cette pénible et dangereuse mission.

Le matin, à l'heure fixée, le malheureux était là, pâle, bouleversé, se croyant à son dernier jour. Sa pauvre femme l'accompagnait en sanglotant. C'était un spectacle navrant, qui arrachait des larmes aux rares assistants !... — Mais voilà que les officiers prussiens, d'ordinaire si exacts et si ponctuels, ont laissé passer l'heure indiquée. Six heures et demie... sept heures... sept heures et demie... Aucun ordre ; aucune troupe ne se présente... Le général aura sans doute changé d'avis. Alors le maire prend sur lui d'engager le guide à retourner à sa maison ; ce qu'il fait de grand cœur et bien joyeux, sans être nullement inquiété.

Ce même lundi 21 novembre (1), le maire reçut

---

(1) Ce jour-là vers onze heures et demie, 400 cavaliers et 50 fantassins entrent dans Breteuil ; ils font apporter les armes à la mairie et pillent la poste et le télégraphe. Après un repas

l'ordre suivant avec cette note. « A publier de suite par ordre du général.

Le major, chef de bataillon,

Von RAUSH.

Nonancourt, le 21 novembre 1870.

AVIS

« Les habitants sont prévenus :

« 1° Que les magasins seront fermés chaque
« soir à 5 heures, excepté ceux où les officiers
« et les soldats achètent des vivres ou qu'ils fré-
« quentent ;

« 2° Que les cafés seront visités par les pa-
« trouilles ;

« 3° Que chaque excès, pillage, etc., devra être
« annoncé immédiatement à un poste ou à l'of-
« ficier se trouvant le plus voisin, afin que de
« suite il y soit mis bon ordre.

« 4° Et qu'à partir de neuf heures du soir la
« circulation est interdite dans les rues, et que
« chaque habitant doit rester chez lui.

« Le maire de Nonancourt,

« DEMOLLIENS. »

copieux, ils se dirigent vers Évreux. Le lendemain et les jours suivants, 25 à 30 cavaliers s'arrêtaient à l'entrée de la ville pendant que trois ou quatre d'entre eux parcouraient les rues.

Cet ordre aggravait les rigueurs de l'occupation. Depuis l'entrée des Prussiens à Nonancourt, la ville, complètement privée de communication avec le dehors, était comme isolée du reste de la France. Toutes les routes étaient gardées : pour sortir comme pour entrer, il fallait un laissez-passer. Les usines chômaient, les ouvriers commençaient à sentir la misère. Les ennemis fournissaient eux-mêmes la viande fraîche qu'on devait leur faire cuire ; mais il fallait leur donner tout le reste ; et les provisions s'épuisaient.

Ils cherchaient à se renseigner sur les principaux habitants, leur fortune, leurs fonctions, leur influence, leurs sentiments patriotiques. Certaines femmes allemandes, dont les maris avaient été obligés de quitter la France, poussées par la cupidité et le vice, entraient en relations avec les soldats et leur donnaient tous les détails qu'ils désiraient. Aussi la terreur tenait les habitants sur la réserve, autant que la présence des Prussiens absorbait leurs journées.

Une proclamation, venue du commandant de Dreux, accentua encore le droit de la force.

PROCLAMATION

« Les troupes soumises à mon commandement étant entrées dans le territoire français, il est publié le forum militaire extraordinaire, conformément au code militaire prussien, pour tous ceux :

« Qui préparent sciemment du danger ou du détriment aux troupes de sa Majesté le Roi de Prusse ou de ses alliés, ou qui prêtent sciemment assistance au pouvoir ennemi.

« Les personnes n'appartenant pas aux troupes de l'ennemi qui :

a.) Servent d'espions à l'ennemi, qui en reçoivent, en cachent, ou leur prêtent assistance :

b.) Qui volontairement montrent les routes en qualité de guides aux troupes ennemies, ou qui comme tels montrent à dessein aux troupes allemandes des chemins faux.

c.) Qui par ressentiment ou par soif de gain, tuent, blessent ou volent à dessein des personnes appartenant aux troupes de l'armée de sa Majesté le Roi ou à ses alliés ou à leurs suites.

d.) Qui détruisent des ponts ou des canaux, qui coupent la communication des chemins de fer ou des télégraphes, qui rendent les routes impraticables, qui mettent le feu à la munition, aux provisions de bouche ou à d'autres effets de guerre ou aux quartiers des troupes ;

e.) Qui prennent les armes contre les troupes de l'armée de sa Majesté le Roi ou de ses alliés,

« Ont encouru la peine de mort.

« Ce décret aura force légale dans le département de l'Eure et est publié pour tout ce cercle par la proclamation qui a lieu à Nonancourt.

« Dreux, le 22 novembre 1870.

« Le commandant de la 5me division de cavalerie,

« RHEINSBADEN. »

D'un autre côté, voici la circulaire qui était adressée à tous les maires du département de l'Eure :

« Monsieur,

« Le général de division pour éviter les homicides inutiles m'a ordonné de vous dire, et moi je vous demande de publier à tous les habitants de votre pays, que chacun qui soit surpris armé habillé en civil ne sera pas traité comme soldat ennemi mais comme assassin, et sera puni de la mort.

« Les villages seront brûlés dans lesquels les habitants font des actions hostiles,

« DE ROSEMBERG,

« Chef du régiment des lanciers. »

Saint-André, le 23 novembre 1870.

L'expérience presque quotidienne prouvait que ces circulaires n'étaient pas de vaines menaces; aussi la terreur régnait dans toute la contrée.

XVIII

INCENDIE DE LA GARE.

Le jeudi 24 novembre, les habitants de Nonancourt furent intrigués en voyant une escouade de soldats, armés de pics et de pioches, monter la grande rue et se diriger sur la route d'Évreux. Arrivés au chemin de fer, les pionniers enlèvent les rails, pénètrent dans la gare et la saccagent de fond en comble; les portes, les fenêtres, les vitrages, les horloges, les cheminées, les pompes sont brisés et hachés.

Le lendemain ils complètent leur œuvre dévastatrice en mettant le feu à la gare des marchandises, où se trouvent quelques provisions abandonnées par les mobiles dans leur déroute, environ 2.000 kilos de lard fumé et autant de biscuit. La lueur de l'incendie attire quelques citoyens courageux qui veulent l'éteindre; mais la cavalerie empêche d'approcher. Il faut assister impuissant à cette scène de destruction.

Après ce haut fait, l'armée prussienne se mit en ordre de marche et se retira sur Dreux (1). Douze ou quatorze voitures avaient été réquisitionnées pour les accompagner; au moment du départ, quatre manquaient au rendez-vous; le maire fut condamné à payer 400 francs d'amende immédiatement, sinon un nouveau pillage était ordonné. Le maire paya la somme exigée et les Allemands évacuèrent Nonancourt.

A mesure que les dernières colonnes quittaient la ville, les habitants sortaient de leurs maisons et s'abordaient avec bonheur; quelles bonnes poignées de main! quelles vives conversations! on avait tant souffert pendant ces huit jours! Chacun avait tant de choses à raconter! « Il nous semblait, dit un témoin oculaire, sortir d'un pénible rêve, quand il nous fut possible de circuler dans les rues sans rencontrer à chaque pas un soldat prussien. »

Tout à coup une poignante émotion étreignit tous les cœurs; une vive canonnade se faisait entendre vers le sud; la bataille devait se livrer à peu de distance, car les coups de canon faisaient trembler la terre. Les troupes qui venaient de quitter Nonancourt ne pouvaient se trouver engagées dans cette affaire. On apprit plus tard

(1) Il y avait 4.500 hommes, infanterie, cavalerie, artillerie de la 12e brigade.

qu'une escarmouche avait eu lieu du côté de Châteauneuf.

Quelques heures après le départ des ennemis, cinq dragons, la carabine au poing, traversèrent la ville au petit trot. A partir de ce moment, la nuit comme le jour, Nonancourt fut visité par des patrouilles qui parcouraient toutes les rues, puis se dirigeaient sur Tillières, Damville ou Évreux (1).

XIX

INQUIÉTUDES DES ENNEMIS.

Le 29 novembre, un détachement de 600 hommes vint prendre logement pour la nuit. Il plaça à la Madeleine, braquées sur la ville, ses quatre pièces de canon. L'officier qui commandait cette troupe se rendit à la Mairie et, d'un air fort mécontent, déclara qu'il savait que des habitants avaient encore des armes cachées dans leurs maisons, qu'il fallait publier un ordre de les livrer immédiatement, sinon qu'il allait ordonner une

---

(1) Les Prussiens ont quitté Verneuil, Nonancourt et Pacy qu'ils visitent par des patrouilles; mais ils occupent toujours Anet, Ivry et Saint-André.

visite domiciliaire. Le souvenir des deux jours de pillage n'était pas oublié, et l'on craignait que cette visite ne fût un prétexte pour les renouveler. Aussi l'avis d'apporter sans délai les armes à l'hôtel de ville fut publié aussitôt. Six ou sept fusils seulement furent rapportés !...

Pendant que la Mairie délibérait sur les conséquences de ce fait, M. Wulliamy, que protégeait sa nationalité anglaise, proposa à l'adjoint, M. Gosse, de l'accompagner à l'hôtel où logeait le commandant, afin de lui expliquer la situation et de prévenir sa colère. Il le connaissait un peu, car il avait logé cet officier lors de la première occupation, et de plus il parlait suffisamment l'allemand. L'officier le reçut très poliment ; cette démarche l'avait calmé (1). Il annonça que le lendemain ils allaient sur Verneuil, parce que la veille on avait tiré sur une de leurs patrouilles.

Le bruit courait en effet qu'elle avait complètement disparu. Les Prussiens étaient très intrigués et plus furieux que si elle était tombée sous les balles ; ils ne pouvaient tirer des paysans aucun renseignement.

Le 2 décembre, quatre hulans suivaient le che-

---

(1) On prétend que le comte de Paris était venu recommander Dreux et ses environs à la bienveillance du duc de Mecklembourg. Il vint à Nonancourt le 29 novembre et partit le même jour.

min qui va de Breux à Acon dans la vallée, au pied du coteau. Comme d'un côté les haies sont assez élevées et que de l'autre la colline est boisée, ils allaient prudemment, explorant le terrain sur lequel la neige, tantôt amassée, tantôt écartée par les arbres, empêchait de bien distinguer. Un coup de fusil, rapidement suivi d'un second, jette à terre deux hulans; les deux autres lancent leurs chevaux au galop dans la direction de la fumée. Derrière la haie était caché le chef de bataillon Presleur : ancien soldat d'Afrique, il connaît la guerre de surprises et d'embuscades; avec un grand sang-froid, il ajuste un troisième Prussien à quelques pas et le tue; mais presque au même moment la lance du dernier hulan l'atteint au bras, déchire sa veste sans le blesser et le renverse. En tombant, il se protège avec son fusil et a la chance de démonter son dernier ennemi. Les chevaux s'assemblent et instinctivement courent jusqu'à l'église, escaladent le chemin qui monte à la grand'route et vont rejoindre un détachement de cavalerie qui stationne au Rousset. Le commandant Presleur s'esquive rapidement, jette son fusil dans les broussailles et prend un chemin détourné pour rentrer à Nonancourt (1).

Les Prussiens ne sont pas tranquilles non plus

(1) Nous donnons ce fait d'armes tel qu'il nous a été raconté par M. Presleur lui-même.

du côté d'Évreux. Les francs-tireurs de l'Eure et une trentaine de francs-tireurs du Neubourg sont venus jusqu'à la briqueterie de Seugé, près de Bérou; ils ont fait un grand feu de bourrées pour se réchauffer contre le froid excessif et contre la neige qui tombe à gros flocons, et de là, ils se sont glissés jusqu'à Thomer surprendre les ennemis. Ceux-ci reviennent en force par les routes de Nonancourt et de Laigle (1er décembre), font flamber le reste des bourrées et la briqueterie elle-même, surprennent et massacrent (5 décembre) un poste de mobiles des Landes au château de Bérou, puis rentrent dans leurs cantonnements.

Pendant ces longues nuits du commencement de décembre, la neige tombait en rafales aveuglantes sur la terre, durcie par une gelée continue, et jetait comme un immense linceul sur ce sol dévasté et ensanglanté.

La nourriture des hommes et des chevaux, depuis le 18 novembre, avait épuisé toutes les ressources.

Les 4 et 5 décembre, MM. Gosse, Besnard, Guérin, Sergent et Schnitzler allèrent à Dreux trouver les payeurs des régiments; ils essayaient d'obtenir, sans trop l'espérer, le paiement de quelques fournitures. Ils furent parfaitement reçus : mais on leur fit valoir les dures nécessités de la guerre et, après de longues discussions, on ne leur accorda que quatre mille francs environ, le prix de l'avoine (1).

Malgré leur marche envahissante et leurs continuelles victoires, les Prussiens voyaient avec inquiétude de nouvelles armées se former dans le Nord, dans l'Est et sur la Loire. Pour en empêcher, autant qu'il dépendait de lui, le recrutement, le commandant de Dreux fit afficher à Nonancourt, comme cela se faisait ailleurs, la proclamation suivante :

« AVIS

« L'ordre est donné au Maire de Nonancourt de ne plus diriger personne de sa commune aux endroits d'appel des bataillons de gardes mobiles nouvellement à former, ni des conscrits ou volontaires à l'armée.

« Les personnes prises en route voulant se rendre à un endroit d'appel, seront traitées comme prisonniers de guerre.

« Le Maire et la Commune resteront responsa-

---

(1) Les 5 et 7 décembre, on réquisitionne du vin pour les troupes allemandes.

bles pour l'exécution de cet ordre, qui est à porter à la connaissance du public par affiches.

« Dreux, le 12 décembre 1870.

Signé : De Rédern, général-major.

« L'ordre ci-dessus a été notifié à notre mairie ce jourd'hui.

« Nonancourt, le 13 décembre 1870.

« Pour copie conforme,

« Pour le Maire absent,
« *L'adjoint,*
« Gosse. »

C'est vers cette époque qu'étaient publiées les dépêches suivantes que l'on se communiquait en secret et que nous lisions avidement :

« Paris sorti, 100.000 hommes avec 600 pièces de canon.

« L'armée de la Loire a fait 20,000 prisonniers, 10,000 ennemis tués ou blessés.

« Guillaume et Bismarck cernés par 150.000 hommes de l'armée de la Loire et 90.000 hommes de l'armée de Trochu.

« Vinoy, à la tête de 70.000 hommes, a cerné et battu, les 6, 7 et 8 décembre, le prince de

Saxe qui a été fait prisonnier et dont le corps a été repoussé jusqu'à Pontoise.

« Bombardement de Paris pendant 48 heures ; 80.000 Prussiens hors de combat ; 50.000 prisonniers ; 140 canons pris à l'ennemi ; 217 canons encloués par les Français ; le prince Fritz tué par un boulet en voulant rallier sa cavalerie. »

A tous ces indignes mensonges une note à effet était ajoutée :

« *P. S.* — Bismarck prisonnier ! »

C'est ainsi qu'on se jouait de notre crédulité patriotique !

XX

SYNDICAT DES TROIS COMMUNES.

Profitant de l'accalmie relative qui régnait dans la contrée, les délégués des communes de Nonancourt, de la Madeleine et de Saint-Lubin se réunirent, le jeudi 22 décembre, à une heure de l'après-midi, afin de discuter ensemble leurs intérêts respectifs dans la répartition des dépenses, régulariser la convention faite dès le premier jour pour les réquisitions et adoucir autant que possible les rigueurs de l'occupation.

Étaient présents :

Pour Nonancourt : MM. Gosse, adjoint faisant les fonctions de maire; Besnard et Royer, adjoints supplémentaires; Sergent, Mongrédien, Hatay, Lanoë, Caplain, Chédeville, Forcuit, Charpentier et Drieux; — avec le secrétaire Labrebis.

Pour Saint-Lubin : MM. le baron de Prulay, maire; Grossin, adjoint; Legrand, Vivien, Lepouzé, Mohier, Bonneville, Guillaume, Buet, Rivet, Rose, Nicourt; — avec le secrétaire Tuffay.

Pour la Madeleine : MM. Ruel, maire; Perrier, adjoint; Louis Audiger, Jean Pohier, Victor Pichot, Jean Mongruel, Armand Garnier, Adolphe Lainé, François Fouasse, Simon-Pierre Vilette, membres de l'ancien conseil, — avec le secrétaire Letard.

A cette réunion « ont été appelés, par honneur et comme témoignage d'estime et de reconnaissance, au nom des trois communes, » avec voix consultative, MM. Wulliamy, de Saint-Lubin, manufacturier; Frelet, juge de paix; Schnitzler, interprète; Mary, propriétaire à Saint-Lubin; et Régnier propriétaire à la Madeleine, « qui a rendu des services lors de l'occupation prussienne ».

Le bureau fut ainsi formé : Président : le maire

de Nonancourt. — Vice-présidents : les maires de Saint-Lubin et de la Madeleine. — Secrétaires : les adjoints supplémentaires de Nonancourt. — Membres : les adjoints de Saint-Lubin et de la Madeleine.

Une commission, composée des maires des trois communes et de deux membres de chaque conseil, fut élue pour étudier les mesures à prendre. Le maire de Nonancourt était absent depuis quelque temps (1) : il ne revint qu'après l'amnistie. Alphonse Royer, que son intelligence des affaires, son esprit d'ordre et son activité avaient déjà mis en évidence dans ces circonstances difficiles, fut chargé par l'assemblée de présenter un ensemble de résolutions, conforme à la situation extraordinaire dans laquelle on se trouvait.

Voici quelques-unes des résolutions qui furent adoptées : 1° Pour les réquisitions, les trois communes ne forment qu'une seule agglomération, sous l'autorité unique et absolue de la Mairie de Nonancourt.

3° Dans le cas où une réquisition serait faite directement à une autre mairie et qu'il serait absolument impossible de l'éviter, cette Mairie

---

(1) Le départ du maire Demolliens dans ces graves circonstances fut regardé comme une désertion et blâmé très sévèrement.

devra avertir immédiatement celle de Nonancourt.

4° Tous les secours seront partagés entre les trois communes, à moins qu'ils ne soient donnés spécialement pour l'une d'entre elles.

5° Le montant des dépenses sera réglé en prenant pour base le principal des quatre contributions : la foncière, les portes et fenêtres, la cote personnelle et mobilière, les patentes. Elles s'élèvent en chiffres ronds pour Nonancourt à 17.000 francs; pour Saint-Lubin à 13.000 francs, pour la Madeleine à 6.000 francs.

6° La répartition aux habitants sera faite par chaque conseil.

12° Les 1.068 billets thalers, donnés en paiement par les Prussiens, seront changés en monnaie française, aussitôt que possible, et distribués à tous les fournisseurs au prorata de leurs fournitures.

Pour faire face aux dépenses de l'avenir, on ouvre un crédit de 30.000 francs qui sera couvert par des centimes additionnels, que chaque conseil devra voter à part, et qui seront recouvrés dans les six mois. S'il reste un surplus, il sera remis à chaque conseil.

Ces sages et habiles dispositions reçurent l'approbation unanime et valurent de chauds remerciements à leur auteur.

Quelques jours après, le 28 décembre, on décida, pour les trois communes, la création d'un fourneau économique, qui distribuerait des bons gratuits de bouillon, de viande et de légumes aux pauvres, et des portions à prix réduit à tous ceux qui en demanderaient (1). MM. Lanoë, Hatay, Chédeville, Forcuit, Charpentier et Drieux, désignés comme membres de la commission provisoire pour l'installation de ce fourneau, organisent une quête à domicile. M. Charpentier d'accord avec M. Renard, fournit gratuitement le local. MM. Chédeville, Drieux et Forcuit se dévouent à cette œuvre philanthropique, et souvent ils président à la distribution des bons. M. Anqueulle « prend généreusement, presque chaque jour, sa part des charges de la délivrance des portions alimentaires. »

Ce fut un léger soulagement à la grande misère qui régnait dans les trois communes. L'hiver fut cette année particulièrement long et rude; les commerçants ne faisaient plus d'affaires et ne recevaient aucun argent de leurs débiteurs; beaucoup de magasins étaient fermés; les ouvriers n'avaient plus de travail. Les usines Roger-Mary, Renard, de Vanssay, Wulliamy et Waddington, manquant de charbon et de ma-

(1) On fournissait des « portions à dix centimes » contre argent comptant ou des « bons gratuits d'aliments ».

tières premières, souvent arrêtées par les exigences de la guerre, ne recevaient plus de commandes ou même se voyaient retirer celles qui leur avaient été adressées. Quelques-unes parvenaient difficilement à travailler quelques heures par jour. D'ailleurs, l'argent lui-même manquait.

Comment lutter efficacement contre les privations et les souffrances inévitables de cet hiver rigoureux? Les délégués des trois communes fixèrent le prix des denrées que la disette aurait pu faire exagérer. Puis ils organisèrent des ateliers de travail à la Potinière et à la Gare sous la surveillance gratuite de M. de Condé, agent-voyer : on payait un franc par jour, plus un « bon de pain ».

Des dames de Nonancourt et de Saint-Lubin s'associèrent pour travailler ensemble et fournir des vêtements aux indigents.

Afin de faire face à toutes les dépenses et payer le salaire des ouvriers, on décréta une émission de bons communaux de 100 francs, et même de coupures de 5 fr., de 1 fr. et de 0,50. Cette décision était grave et quelque peu illégale; mais comme le dit le compte rendu : « A chose et à position extraordinaire, M. le président est d'avis d'un remède radical et extraordinaire. » L'assemblée approuva ce projet.

Enfin « attendu l'absence de tout service

financier dans la commune, le secrétaire (1) de la Mairie de Nonancourt est provisoirement nommé caissier et comptable de la gestion du fourneau, ainsi que des fonds provenant de la quête à faire et des dépenses qui seront ordonnancées par M. le Maire. » — Le vendredi 13 janvier et les jours suivants, MM. Bernard, Sergent, Royer, Mongrédien, Chédeville, Leduc et Drieux firent une quête dans toutes les maisons : elle produisit 1.725 fr., 40 centimes; mais suivant l'expression des quêteurs, elle « a été très dure ».

XXI

PASSAGES DE TROUPES ET RÉQUISITIONS.

Cependant les passages de troupes allemandes se multipliaient presque quotidiennement. Le lundi, 26 décembre, 1.200 hommes d'infanterie et de cuirassiers blancs vinrent passer la nuit à Nonancourt : ils voulaient tous se loger dans la même rue, afin d'être plus à l'abri d'un coup de main. Après bien des pourparlers, l'infanterie

---

(1) Le secrétaire, François-Xavier Labrebis, mérite une mention spéciale parmi ceux qui se sont le plus dévoués pendant ces jours difficiles.

accepta les billets de logement; mais la cavalerie s'installa à son gré. Ce sont eux sans doute qui, le vendredi 30, allèrent occuper Verneuil, faire des réquisitions dans les environs et parcourir les routes de Brezolles, Breteuil et Damville. Le 31 décembre et le 2 janvier, logea le 13ᵉ régiment de dragons.

Les nouvelles qui arrivaient de Paris étaient rares et contradictoires : les unes annonçaient des victoires merveilleuses qui allaient débloquer la capitale : les autres laissaient déjà soupçonner le bombardement et la capitulation. Des hauteurs du Mesnil-sur-l'Estrée, on entendait une très vive canonnade du côté de Versailles.

Dans les premiers jours de janvier 1871, des francs-tireurs vinrent s'embusquer dans les bois sur la route de Verneuil, à trois ou quatre kilomètres de Nonancourt. Avertis, soit par leurs espions, soit par leurs éclaireurs, les Prussiens s'avancèrent prudemment jusqu'à l'entrée de la ville, le dimanche 8 janvier. Vers neuf heures du matin, quatre dragons arrivent à l'hôtel de Ville et demandent le Maire. Celui-ci étant absent depuis plusieurs semaines et l'adjoint n'étant pas encore arrivé, ils enjoignent à un conseiller municipal qui se trouve présent de les suivre jusqu'à la porte de Dreux : le secrétaire et un autre conseiller les accompagnent. Grand émoi dans la Grande Rue, en voyant passer ces Messieurs escortés par des soldats ennemis !

Une masse de cavaliers, dragons et cuirassiers blancs, stationnait sur la route de Dreux (1). Le commandant s'avance au-devant des conseillers et leur demande s'il y a des troupes françaises à Nonancourt.

— Non, répondent-ils.

— Eh bien ! je vais avec mes hommes faire une reconnaissance sur la route de Verneuil. Si, avant mon retour, il arrive ici des troupes françaises, il faut que vous me fassiez prévenir, sinon votre ville sera brûlée.

— Mais s'il survient des Français, ils empêcheront certainement que vous soyez prévenus.

— Vous ferez comme vous pourrez : ce n'est pas mon affaire ; mais il faut que je sois prévenu. Ce soir à trois heures, ou à sept heures, je serai de retour. »

Et il traverse la ville avec sa troupe composée d'environ 80 cavaliers.

Aujourd'hui après trente années bientôt révo-

---

(1) « Alors, raconte Labrebis dans ses souvenirs (page 15), une épouvantable idée me passa par la tête : je supposai que, pour se garantir, les Prussiens allaient nous mettre en avant du détachement et nous faire marcher ainsi jusque de l'autre côté de ces bois. Je ne fis part de mes impressions à personne ; mais je me dis le plus philosophiquement possible que très probablement nous étions à notre dernier jour. »

lues, en lisant ces lignes, tranquillement assis à un foyer paisible, il est difficile de se faire une idée de la terrible angoisse qui étreignait le cœur de nos compatriotes : ils avaient le choix entre trahir leurs frères et faire incendier leur ville!...
— Heureusement cette alternative leur fut épargnée : vers trois heures la patrouille revint en chantant joyeusement une ballade allemande.

Voici probablement ce qui rendait les Prussiens si anxieux de se renseigner exactement sur la présence des troupes françaises. La veille, vers onze heures du matin, une forte patrouille de cuirassiers blancs pénétrait tranquillement dans Breteuil, escortant plusieurs voitures de réquisitions, quand ils furent reçus par une vive fusillade. Des mobiles de l'Orne et des francs-tireurs, arrivés pendant la nuit, leur avaient dressé une embuscade. Un officier et deux hommes furent tués, cinq blessés et un prisonnier : les autres s'enfuirent sur la route de Damville.

Tout alla à peu près jusqu'au **18** janvier. Chaque jour, nous étions visités par plusieurs patrouilles, mais sans être autrement molestés. A ce moment, les ennemis occupaient une grande partie du département de l'Eure. Ils nommèrent préfet de l'Eure, le capitaine de recrutement de **Provembski** et relièrent Évreux à Dreux par un télégraphe passant par Nonancourt. Ils reprirent les fils qu'ils avaient coupés, choisirent les meilleurs, firent les raccords nécessaires : en deux jours, le service télégraphique était installé.

Les passages de troupes, se dirigeant sur Évreux ou sur Dreux, devinrent plus fréquents et plus nombreux que jamais. Les convois de provisions allant de Chartres à Évreux, s'arrêtaient à Nonancourt; pendant plus de quinze jours, il y eut à loger à chaque convoi 100 chevaux, 50 voitures, 50 charretiers et les cinq à six dragons ou hussards de l'escorte. Le 20 janvier, arriva une colonne de munitions avec des prisonniers venant de l'armée de la Loire, comprenant 700 hommes et 400 chevaux; ils restèrent jusqu'au 24, ce qui n'empêchait pas d'autres détachements de coucher en passant.

On commençait à se préoccuper de la nourriture des chevaux; l'avoine devenait rare : les cultivateurs, n'en recevant pas le prix, ne mettaient aucun empressement à satisfaire aux réquisitions. Le vendredi 20 janvier et le lendemain samedi, on ne put recueillir que la moitié des rations; le dimanche, il fut impossible d'en fournir même le quart. Le commandant de la colonne, averti de ce dénuement, dit à la municipalité : « N'en cherchez plus; je m'en charge tout seul. » En effet, il envoya des soldats avec deux voitures dans les campagnes environnantes. Quelques heures après l'avoine était rapportée : les soldats avaient pris tout ce qu'ils avaient trouvé. Il en fut ainsi désormais.

Le vendredi 27 janvier, arrivèrent successivement quinze à dix-huit cents hommes et huit à neuf cents chevaux, venant de Brezolles, de Dreux, de Damville et d'Évreux. Tous à la fois demandaient la nourriture et le logement : la municipalité ne savait où donner de la tête. Enfin après bien des discussions, des réclamations, voire même des injures et des menaces, les troupes furent installées et nourries (1).

XXII

IMPOTS ET CONTRIBUTIONS.

Pendant que notre malheureuse ville se débattait contre les exigences d'un ennemi tout puissant, les armées françaises, écrasées dans le Nord, dans l'Est, dans l'Ouest, sur la Loire et sous les

---

(1) Du 18 janvier au 20 février « nous n'eûmes que quatre jours de libres, c'est-à-dire que pendant quatre nuits seulement, on put dormir sans qu'il y eût de Prussiens dans nos murs. Comme cela semblait bon ! »

murs de Paris, cédaient au nombre (1). Un armistice était conclu le 28 janvier 1871 (2). Les Allemands profitèrent de la suspension des hostilités pour masser leurs troupes et renouveler leurs approvisionnements. Le préfet prussien de l'Eure écrivit à Nonancourt pour réclamer le douzième des impôts directs du canton revenant à l'État : c'était 1.430 francs qu'il fallait verser le 5 février. Le préfet d'Eure-et-Loir exigeait de Saint-Lubin les deux douzièmes de l'imposition de 1870, soit 2.289 francs 41 centimes. Le lendemain, nouvelle lettre d'Évreux exigeant que des réquisitions de chevaux, de vaches, de moutons, de farine, de riz, de café, de sel, de cognac, de haricots et

---

(1) Nous étions abandonnés de toute l'Europe. Thiers n'avait rien obtenu des cours étrangères ; Sénard avait échoué en Italie. Un des attachés de Jules Favre fut envoyé pour tenter une suprême démarche auprès du comte de Beust en Autriche, de lord Granville et de Gladstone en Angleterre ; partout il reçut, avec un refus formel d'intervention, le conseil de faire la paix le plus tôt possible. A Londres, on faisait ressortir la situation révolutionnaire du Gouvernement de la défense nationale, qui n'était pas un gouvernement légal et régulier et qui ne s'appuyait sur aucune Assemblée élue par la nation. — Seul, le Pape Pie IX éleva la voix en faveur de notre patrie malheureuse.

(2) Nous ne raconterons pas les divers incidents qui mouvementèrent les élections législatives : restrictions apportées par Gambetta, protestation du préfet allemand, annulation des restrictions, retard de quatre jours pour les élections dans l'Eure. Nos députés furent nommés le dimanche 12 février, au lieu du mercredi 8. Arrêtons-nous seulement à ce qui fait le but de cette brochure : agissements des envahisseurs jusqu'à leur départ.

d'avoine, soient levées dans toutes les communes du canton pour approvisionner les magasins de vivres que l'on établissait à Évreux. Cette réquisition s'élevait à une vingtaine de mille francs. Après tant de passages de troupes, il était impossible de satisfaire à cette nouvelle demande. Le 31 janvier, MM. Gosse, Besnard et Chédeville allèrent à Évreux exposer la situation lamentable de Nonancourt épuisé par le passage quotidien des troupes. Le préfet se montra conciliant : la quantité d'avoine à fournir fut diminuée ; on supprima le café, le cognac et le riz. Les livraisons furent faites avec toute la lenteur possible, afin de gagner du temps ; elles n'étaient pas terminées quand les préliminaires de la paix furent signés ; naturellement, à partir de ce moment, on ne livra plus rien.

Il fallait, à tout prix, échapper à l'ingérence de la force militaire dans la levée des impôts. Les communes du canton se syndiquèrent, sous la présidence de l'adjoint de Nonancourt faisant fonction de maire, et, d'accord avec les plus haut imposés, réglèrent la répartition et le mode de perception.

Ce n'était que l'impôt ordinaire.

Mais voici que, le dimanche 12 février, un détachement de hulans apporta à la mairie l'ordre d'avoir à verser, dans un délai de trois jours,

— sous peine d'exécution militaire, — une contribution de guerre dite de capitation, à raison de 25 francs par tête et 5 p. 100 en plus : elle était basée sur le recensement de 1860 à 1865. La somme s'élevait à 36.855 francs pour Nonancourt et à 227.244 francs pour tout le canton. Cette contribution était exigée par von der Dollen, lieutenant-colonel du 16e régiment de hulans, commandant le district de Dreux. De sorte que Nonancourt était pressuré à la fois par Dreux et par Évreux.

Ce fut un coup de foudre pour les malheureux habitants : non contents d'avoir pris toutes leurs provisions, de les avoir réduits à la misère, les Prussiens leur extorquaient jusqu'à leur dernier sou!... Comment réunir une somme aussi considérable?... Le conseil et les notables assemblés nommèrent, avec pleins pouvoirs, une commission composée de MM. Gosse, Waddington, Justin, Wulliamy, Royer, Besnard et Chédeville.

Au jour dit, le mercredi 15 février, deux officiers avec un détachement d'une cinquantaine de hulans s'installèrent à l'hôtel du Grand-Cerf; ils firent prévenir le maire que lui et tous ses collègues du canton eussent à se présenter le lendemain, avant midi, à l'hôtel, pour payer la contribution de guerre. Les maires furent exacts au terrible rendez-vous; la plupart avaient l'oreille basse, car il leur avait été impossible de réaliser l'énorme somme à laquelle leur commune avait été imposée (1). La commission municipale, accompagnée du secrétaire et de l'interprète, essaya de parlementer : elle fit valoir qu'on avait déjà versé en nature environ 40.000 francs et, pour la nourriture des hommes et des chevaux, 72.311 francs sur lesquels les payeurs prussiens n'avaient remboursé que 4.000 francs. Les manufacturiers montrèrent le papier-monnaie avec lequel ils payaient leurs ouvriers, puisqu'il n'y avait plus d'argent. En écoutant ces explications si concluantes, l'officier chargé de recevoir les fonds s'impatientait d'autant plus violemment qu'il n'avait aucune réponse raisonnable à opposer : « Enfin, s'écria-t-il, combien m'apportez-vous? — Rien! » lui fut-il répondu. Alors il dit que n'étant que l'exécuteur d'ordres reçus, il lui fallait des otages pour garantir le paiement de la somme demandée : il choisit l'adjoint et M. Waddington. Ces Messieurs restèrent prisonniers sur parole; les autres maires donnèrent

(1) Le maire de Marcilly-la-Campagne, M. Alexandre Petit, fut assez heureux pour épargner à sa commune une grande partie de cet impôt. On lui réclamait 24.000 francs. Il parvint à réunir un peu plus de 11.000 francs; mais à force de démarches, de délais, de réclamations à Dreux, à Nonancourt, à Évreux, il ne versa que 1.500 francs d'impôt de guerre, 1.500 francs pour deux douzièmes et 5.207 francs de réquisitions.

des à-compte et purent rentrer dans leurs communes.

Était-ce un simple épouvantail? Était-ce une menace sérieuse? On racontait que deux des six pièces de canon, qui étaient en permanence sur la place Janvier, avaient été portées au Bois-Clair et dissimulées sous des bottes de paille. L'adjoint, M. Gosse, prévenu de cela et craignant quelque coup d'audace de certains habitants exaspérés, alla trouver l'officier et obtint que les deux pièces fussent rapportées avec les autres. Puis il ceignit son écharpe et, accompagné de l'officier, parcourut les rues de la ville et visita les cafés pour faire rentrer dans leurs logements respectifs les soldats, dont beaucoup étaient ivres et menaçaient la population effrayée.

Le lendemain vendredi, les deux otages accompagnés de M. Wulliamy et de l'interprète, se rendirent à Dreux, un peu en avant des cavaliers allemands, pour ne pas avoir l'air d'être des prisonniers. Dès leur arrivée, ils furent conduits devant le colonel des hulans. Après bien des explications, la contribution fut réduite à 3.000 francs qui devaient être versés le lendemain avant midi. Le soir même une publication fut faite dans la ville; la somme, considérée comme dette communale, fut réunie et portée à Dreux par MM. Hatay et Chédeville, avant l'heure fixée.

Le 10 février, le préfet prussien avait envoyé à tous les maires du canton une circulaire, qui parut un adoucissement moral à l'occupation, quoiqu'elle en aggravât les charges matérielles. On était presque sans nouvelles du reste de la France ; les lettres n'arrivaient que rarement et clandestinement : cet isolement des parents, des amis, de la patrie, était une réelle souffrance. La circulaire du préfet organisait le service des postes dans le département. Le maire du chef-lieu de canton devait faire prendre les paquets de lettres au bureau de poste qui lui serait indiqué et les remettre aux maires des autres communes pour être distribués. Les lettres, qu'elles fussent affranchies ou non par un timbre français, payaient un droit au gouvernement prussien. La taxe était de 0 fr. 25 pour celles qui venaient des contrées non encore envahies ; 0 fr. 20 pour celles qui venaient de Paris ; 0 fr. 10 pour celles qui venaient des départements occupés. Tout d'abord l'administration française des postes ne voulut pas faire distribuer les lettres par ses facteurs dans les campagnes. Jusqu'au 20 février, le secrétaire de la mairie de Nonancourt, reçut le courrier à huit heures du soir ; il classait les lettres, vérifiait les taxes et remettait leur paquet à chacun des maires ou de leurs envoyés. A partir du 21, la poste se chargea de faire prendre les lettres à Évreux et de les faire distribuer par ses agents, qui, bien entendu, faisaient payer la taxe prussienne qu'eux-mêmes avaient avancée.

Le 21 février, nouvel arrêté du préfet de l'Eure ; il demandait le versement du douzième des contributions indirectes de janvier. Huit jours après, le 28 février, M. Gosse alla porter à la préfecture la somme exigée. Déjà le préfet écrivait son reçu, lorsqu'on lui remit un télégramme de Versailles. Après en avoir pris connaissance : « Cet argent, dit-il, ne peut plus être touché pour les impôts indirects ; mais vous allez le laisser pour le douzième des impôts directs de février exigible demain, je vais vous en donner quittance à la date du 1er mars. » Ce qu'il fit sur le même reçu en surchargeant les mots.

XXIII

DERNIERS PASSAGES DE TROUPES.

Ce même jour arrivèrent à Nonancourt 10 officiers, 275 hommes et 341 chevaux du 7e régiment de cuirassiers de Magdebourg. Après cinq jours de repos, ils exigèrent des voitures pour transporter leurs bagages. Au moment du départ, deux voitures firent défaut : le sous-officier chargé des expéditions, accourut à la mairie. Le secrétaire s'était caché ; le garde champêtre dut conduire le sergent à la Madeleine, où les voitures avaient été réquisitionnées. Là, rien non plus! Effrayé de la fureur du Prussien, le garde champêtre s'esquive par une rue détournée. Le sergent revient à la mairie de Nonancourt, tempêtant, jurant, menaçant. Le secrétaire va avec lui à Saint-Lubin : impossible de rien trouver... La colère du Prussien est à son paroxysme ; il menace de passer son sabre à travers le corps des coupables!.. On arrive chez le colonel qui déclare que, les voitures ayant été demandées à la Madeleine, cette commune doit les fournir. Nouvelle ascension de la côte. Mais déjà les troupes se mettent en marche ; un officier arrête le sergent pour lui donner un ordre. Celui-ci s'adressant au secrétaire : « Tout de souite, Mossieu, dit-il, voitures, Madeleine. » et il suit, sur la route de Dreux, l'officier qui l'avait interpellé. Le secrétaire fait quelques pas dans la direction de la Madeleine ; puis voyant le sous-officier s'éloigner avec son supérieur, il se jette rapidement dans la rue des Fossés des hauts remparts et rentre dans sa maison, non sans inquiétude. Au bout de trois quarts d'heure, toutes les troupes étaient parties, et l'on n'entendit parler de rien.

La paix, dont les préliminaires avaient été posés le 1er mars, fut signée le 10 mars, à Francfort-sur-le-Mein. Paix douloureuse, mais nécessaire! L'Alsace et la Lorraine étaient enlevées à la France; cinq milliards de rançon imposés à nos populations, ruinées par la guerre et par l'arrêt forcé du commerce et de l'industrie!...

Le maire Demolliens rentra à Nonancourt et revint présider le conseil municipal. Les travaux reprirent dans les usines et dans les champs; on ferma le fourneau économique; on supprima les ateliers nationaux et l'on arrêta l'émission du papier-monnaie. Les habitants commencèrent à respirer librement : l'espérance d'être bientôt délivrés leur fit supporter plus facilement les derniers passages des troupes allemandes.

Du 12 au 15 mars, le 7e régiment de dragons, le 27e d'infanterie, l'artillerie, l'intendance, l'administration, l'ambulance et l'état-major, en tout 3,700 hommes, — dont 103 officiers — et 489 chevaux, logèrent à Nonancourt et dans les communes environnantes. Il n'y eut pas de hameau, si petit fût-il, qui ne reçût son contingent. Ce ne fut pas sans peine ni sans beaucoup d'explications; les officiers n'acceptaient pas de billets de logement; ils voulaient placer eux-mêmes leurs hommes et dans les quartiers qui leur convenaient. Pour mettre d'accord les exigences de l'ennemi et la juste répartition des charges, on distribua les billets de manière à loger tous les hommes de la même compagnie dans la même rue. — La nourriture de ces troupes n'était plus à la charge des habitants : elles apportaient avec elles leurs munitions.

Le commandant en chef avait établi son quartier général au château de Saint-Lubin. Pendant un repas qu'il prenait avec la famille de Prulay, il eut l'inconvenance de raconter avec force détails et une pointe d'ironie l'entrée des Allemands dans Paris. — Dans la soirée du 28 février, les troupes avaient défilé par l'avenue de la Grande Armée dans les Champs-Élysées, au milieu d'une solitude et d'un silence de mort. Le peuple de Paris avait su contenir sa haine patriotique; nul incident notable n'était venu troubler les deux jours d'occupation qui pouvaient amener de si terribles complications. L'Assemblée nationale de Bordeaux avait ratifié les conditions de la paix, l'ennemi avait alors quitté Paris. — L'officier s'étendait complaisamment sur le calme et la sagesse qu'avaient montrés les Parisiens. Les convives écoutaient en silence et avec un douloureux serrement de cœur le récit du Prussien, lorsque soudain une jeune fille présente, ne pouvant contenir son indignation s'écrie : « Les lâches?... Moi, j'aurais tiré sur les

Allemands! » Pâle de colère, l'officier lui lance un regard furieux; il se lève de table sans mot dire et vient à Nonancourt donner l'ordre à une compagnie de soldats d'aller prendre logement à sa place, au château de Saint-Lubin. Quand il vit arriver cette troupe dont il prévoyait les dégâts, le baron de Prulay comprit la vengeance du Prussien; il alla le trouver; mais ce ne fut qu'après de longues instances qu'il fut reçu et qu'il obtint d'être débarrassé de ces hôtes trop nombreux, bruyants et incommodes.

A partir du 16 mars, Nonancourt fut délivré de toute occupation prussienne et de tout passage de troupes.

Depuis le 18 novembre 1870, jour de l'entrée des Allemands dans notre ville, Nonancourt, Saint-Lubin et la Madeleine ont nourri et couché : pendant la guerre, 32.502 hommes et 23.705 chevaux; des préliminaires à la ratification de la paix, 945 hommes et 1.023 chevaux; depuis la signature de la paix jusqu'à l'évacuation de notre ville, 4.655 hommes et 1.512 chevaux. Le pillage du premier jour s'éleva, pour Nonancourt seulement, à la somme de 130.000 fr.

TABLE

I.	— La Société des Dames hospitalières..........	1
II.	— La Révolution. — Premières alertes	4
III.	— Organisation de la défense locale............	6
IV.	— Combat de Cherisy.....................	11
V.	— Première retraite sur Laigle................	15
VI.	— Le colonel de Beaurepaire. — Le général du Temple......................................	17
VII.	— Surprise des Cinq Chênes...................	21
VIII.	— Nouvelle retraite et escarmouches	23
IX.	— La garde nationale à Nonancourt............	28
X.	— Derniers préparatifs........................	31
XI.	— Bataille de Dreux........................	34
XII.	— Entrée des Prussiens à Nonancourt..........	41
XIII.	— Retraite des Français sur Laigle	54
XIV.	— Pillage.................................	59
XV.	— Chasse à l'homme........................	63
XVI.	— Nouvelles perquisitions....................	69
XVII.	— Exigences allemandes.....................	72
XVIII.	— Incendie de la gare.......................	78
XIX.	— Inquiétudes des ennemis...................	80
XX.	— Syndicat des trois communes	86
XXI.	— Passages de troupes et réquisitions..........	92
XXII.	— Impôts et contributions....................	97
XXIII.	— Derniers passages de troupes...............	104

FIN.

www.ingramcontent.com/pod-product-compliance
Lightning Source LLC
Chambersburg PA
CBHW070527100426
42743CB00010B/1980